GESTÃO POR COMPETÊNCIAS

Maria Rita Gramigna

GESTÃO POR COMPETÊNCIAS

FERRAMENTAS PARA AVALIAR E MAPEAR PERFIS

ALTA BOOKS
E D I T O R A
Rio de Janeiro, 2017

Gestão por Competências — Ferramentas para avaliar e mapear perfis
Copyright © 2017 da Starlin Alta Editora e Consultoria Eireli. ISBN: 978-85-508-0019-6

Todos os direitos estão reservados e protegidos por Lei. Nenhuma parte deste livro, sem autorização prévia por escrito da editora, poderá ser reproduzida ou transmitida. A violação dos Direitos Autorais é crime estabelecido na Lei nº 9.610/98 e com punição de acordo com o artigo 184 do Código Penal.

A editora não se responsabiliza pelo conteúdo da obra, formulada exclusivamente pelo(s) autor(es).

Marcas Registradas: Todos os termos mencionados e reconhecidos como Marca Registrada e/ou Comercial são de responsabilidade de seus proprietários. A editora informa não estar associada a nenhum produto e/ou fornecedor apresentado no livro.

Impresso no Brasil — 2017 - Edição revisada conforme o Acordo Ortográfico da Língua Portuguesa de 2009.

Obra disponível para venda corporativa e/ou personalizada. Para mais informações, fale com projetos@altabooks.com.br

Produção Editorial	**Gerência Editorial**	**Produtor Editorial (Design)**	**Marketing Editorial**	**Vendas Atacado e Varejo**
Editora Alta Books	Anderson Vieira	Aurélio Corrêa	Silas Amaro marketing@altabooks.com.br	Daniele Fonseca Viviane Paiva comercial@altabooks.com.br
Produtor Editorial Thiê Alves Claudia Braga	**Supervisão de Qualidade Editorial** Sergio de Souza	**Editor de Aquisição** José Rugeri j.rugeri@altabooks.com.br	**Vendas Corporativas** Sandro Souza sandro@altabooks.com.br	**Ouvidoria** ouvidoria@altabooks.com.br
Assistente Editorial Juliana de Oliveira				

Equipe Editorial	Bianca Teodoro	Christian Danniel	Illysabelle Trajano	Renan Castro
Revisão Gramatical Audrey Pereira Carolina Gaio	**Layout e Diagramação** Luisa Maria Gomes	**Capa** Lisandro M. Miletto		

Erratas e arquivos de apoio: No site da editora relatamos, com a devida correção, qualquer erro encontrado em nossos livros, bem como disponibilizamos arquivos de apoio se aplicáveis à obra em questão.

Acesse o site www.altabooks.com.br e procure pelo título do livro desejado para ter acesso às erratas, aos arquivos de apoio e/ou a outros conteúdos aplicáveis à obra.

Suporte Técnico: A obra é comercializada na forma em que está, sem direito a suporte técnico ou orientação pessoal/exclusiva ao leitor.

Dados Internacionais de Catalogação na Publicação (CIP)
Vagner Rodolfo CRB-8/9410

G745g   Gramigna, Maria Rita
       Gestão por competências: ferramentas para avaliar e mapear perfis / Maria Rita Gramigna. - Rio de Janeiro : Alta Books, 2017.
       272 p. ; 17cm x 24cm.

       Inclui índice e bibliografia.
       ISBN: 978-85-508-0019-6

       1. Gestão de pessoas. 2. Administração de pessoas. 3. Competências. 4. Treinamento. I. Título.

CDD 658.3
CDU 658.3

Rua Viúva Cláudio, 291 — Bairro Industrial do Jacaré
CEP: 20970-031 — Rio de Janeiro - RJ
Tels.: (21) 3278-8069 / 3278-8419
www.altabooks.com.br — altabooks@altabooks.com.br
www.facebook.com/altabooks

Sobre a autora

Com mais de 30 anos na área de Gestão de Pessoas, **Maria Rita Gramigna** é Diretora Presidente do grupo de empresas MRG Consultoria e Treinamento Empresarial e Instituto de Gestão de Pessoas (IGP). Mestre em Criatividade Aplicada Total, pela Universidade de Santiago de Compostela, Espanha, com formação em Pedagogia e Pós-Graduação em Administração de Recursos Humanos. Possui formação internacional em Coaching pelo Instituto de Coaching e Linguística (ICL), com chancela do International Coach Federation (ICF), tendo criado o curso de Certificação em Coaching Executivo — Foco nas Ferramentas de Competências (2014).

Idealizou o modelo de competências MRG, com aplicação no Brasil desde 1997. Maria Rita é pioneira na organização e na difusão da metodologia de Jogos de Empresa no Brasil, desde 1984.

Publicou diversos livros na área de Administração e Gestão, dentre eles, *Jogos de Empresa, Jogos de Empresa e Técnicas Vivenciais, Modelo de Competências e Gestão dos Talentos, Líderes Inovadores: Ferramentas que fazem a diferença.* É coautora do *Manual de Gestão de Pessoas e Equipes* (2001), do *Manual de Treinamento e Desenvolvimento* (2007), do *Manual do Empreendedor — de micro e pequenas empresas* (2012), e escreveu um capítulo no livro *O Segredo do Sucesso — Da teoria ao topo: histórias de executivos de Alta Gestão* (2015). É professora de diversos cursos de MBA e Pós-Graduação em instituições brasileiras e do Mestrado em Criatividade Aplicada Total da Universidade Fernando Pessoa, Porto/Portugal.

Com sua capacidade empreendedora, Maria Rita idealizou e coordenou três versões do evento internacional *Congresso Pan-Americano de Jogos de Empresa e Criatividade* (Copajog — 1997, 1999 e 2001).

É membro correspondente da Academia de Letras do Brasil — Seccional Suíça, grau de acadêmica, cadeira 118. Maria Rita é colaboradora honorária da Revista Humanidades, Lisboa/Portugal (2014) e membro do Conselho Fiscal da Associação Brasileira de Coaches (Abracoaches).

• • •

Agradecimentos

Ao organizar o conteúdo deste livro, diversas pessoas vieram à minha memória, às quais desejo agradecer.

Sem elas, com suas entregas e trocas, esta realidade seria inviável.

Meu eterno agradecimento:

- Aos inúmeros colegas profissionais que atuaram em nossos projetos de avaliação de competências como consultores de linha de frente. Através de seus feedbacks pudemos aperfeiçoar cada vez mais as ferramentas e os procedimentos adotados no processo.

- Aos clientes que sugeriram melhorias, ajudaram a inserir novas informações, forneceram feedback permanente e contribuíram para mudanças e adequações às suas realidades.

- Aos alunos dos mais de 50 seminários e workshops que ministrei sobre o tema Ferramentas para Seleção por Competências, em diversos locais. A troca de experiências permitiu enriquecer os conteúdos.

- Aos parceiros que organizaram os eventos em São Paulo/SP, Salvador/BA, Uberlândia e Belo Horizonte/MG, Teresina/PI, Recife/PE, Fortaleza/CE, Rio de Janeiro/RJ, Curitiba/PR e San Jose/Costa Rica.

- Aos gestores de RH que enviaram os seus cases permitindo abrilhantar a obra, com a exposição de suas performances no tema seleção e avaliação de potencial.

- À nossa equipe interna, que sempre está a postos para colaborar no que é necessário.

- Ao meu marido, Marco Antônio Gramigna, sempre me incentivando e apoiando as minhas inserções neste mundo de consultoria e treinamento bem como o registro das minhas experiências em forma de livro.

Prefácio

O mundo dos negócios nunca foi tão competitivo, e conseguir sucesso duradouro em um empreendimento é, sem sombra de dúvida, uma tarefa cada vez mais complexa e desafiadora. Frequentemente uma solução inovadora e interessante, duramente construída pela empresa, é rapidamente imitada e superada por concorrentes cada vez mais imprevisíveis, ágeis e competentes. O que nos obriga a inovar constantemente para não sermos literalmente eliminados do jogo.

Nesse ambiente competitivo, a capacidade de adaptação, a flexibilidade, a leveza organizacional, a rapidez de resposta ao cliente, junto com a habilidade de inovar constantemente, se impõem às empresas em geral. E estas novas habilidades somam-se à qualidade, produtividade e tecnicidade, que já tinham se tornado imperativas para as empresas na era anterior. O desafio hoje é conseguir tudo isso ao mesmo tempo.

Cada empresa busca desesperadamente reforçar seus diferenciais competitivos para sobreviver em um mercado que muda todo dia, pois novas soluções são propostas o tempo todo, tornando velho o que se construiu há pouco.

Como vencer esses desafios?

Parece cada vez mais evidente que não há solução fora da mobilização da inteligência e da criatividade de todas as pessoas que formam a organização, trabalhando e enfrentando esses desafios juntas, inovando e aproveitando rapidamente as oportunidades que surgem.

Como nos demonstra Gary Hamel, no que diz respeito à criação de um diferencial competitivo para a empresa, os comportamentos de disciplina, obediência e inteligência técnica, que foram a base do sucesso na era da produtividade, no contexto atual contribuem com muito pouco, 20% na estimativa dele; enquanto isso, a iniciativa, a criatividade e, acima de tudo, a paixão dos colaboradores pela empresa e pelas missões que nela exercem conduzem os 80% geradores da energia necessária para o fortalecimento da empresa em relação aos seus concorrentes. Dispor dessas habilidades dentro da sua equipe faz realmente a diferença.

No entanto, algumas empresas ainda se preocupam somente com a disciplina e o desenvolvimento das suas competências técnicas. Não há como descuidar delas, claro, pois constituem o mínimo necessário exigido pelo mercado, e perdê-las significaria ser rapidamente eliminado. Elas são uma base importante, mas se tornaram, na maioria dos casos, *commodities*, e garantem poucos resultados, pois envelhecem rapidamente diante do volume de inovações introduzidas a cada dia pelos concorrentes, que atraem os seus clientes mais fiéis.

Para as empresas permanecerem competitivas, elas precisam, portanto, poder contar com uma equipe competente e disciplinada, mas sobretudo motivada e comprometida, que saiba trabalhar em um grupo de maneira eficaz, em que cada membro ouve e integra o conhecimento e a criatividade do outro, gerando a força da inteligência coletiva. Uma equipe adaptável e flexível, que trabalhe orientada para resultados, com visão sistêmica e com um sentido forte do cliente e da qualidade que este precisa e exige receber. Uma equipe que saiba cultivar e integrar a criatividade de todos para desenvolver a inovação, tão vital para a organização. Daí a necessidade imperativa de integrar essas competências universais nas diferentes etapas da gestão de seus colaboradores, começando pelo processo de recrutamento e seleção.

Nesse aspecto, os profissionais de gestão de pessoas têm uma missão maior, que impacta fortemente a obtenção de resultados de suas organizações, pois atua diretamente nessas etapas ou apoia o quadro gerencial em sua atuação, no sentido de configurar, desenvolver e manter uma equipe realmente vencedora. Cabe aos profissionais de gestão de pessoas aprofundar seus conhecimentos nesse domínio para poder disponibilizá-lo a suas empresas.

Prefácio

Maria Rita aporta uma importante contribuição a esse tema com sua obra, através da qual não só os profissionais de gestão de pessoas, mas também gerentes e profissionais em geral poderão dispor de conceitos fundamentados e de recursos práticos para auxiliá-los a utilizar as competências universais como alavanca para o sucesso.

Tarcisio Coelho

Coordenador de programas internacionais corporativos de
Formação & Desenvolvimento Gerencial
Grupo Michelin — Matriz em Clermont-Ferrand/França

• • •

Apresentação

Quando decidi escrever e publicar este livro, pensei nos profissionais que estão entrando no mercado e naqueles que, atuando na área de gestão de pessoas, buscam ferramentas práticas e metodologias que os auxiliem na captação, avaliação e retenção de talentos.

Com base no nosso modelo de competências, idealizado em 1997, disponibilizo a experiência vivida em empresas de médio e grande porte e nas mais de 30 mil avaliações de potencial com profissionais em exercício e na busca de colocação.

Organizadas em blocos, as ferramentas são validadas e oferecem resultados extraordinários no que se refere a suporte para decisões gerenciais.

O leitor encontrará, neste livro, os temas organizados de forma a permitir a aplicação prática das ferramentas que dão suporte aos processos de avaliação de competências em potencial.

O modelo de avaliação e verificação de perfis foi desenvolvido em torno de dez competências universais, retratadas através da metáfora da árvore, facilitando a compreensão de cada uma. Desdobradas em atitudes, conhecimentos e habilidades, cada árvore é acompanhada da descrição de comportamentos em cinco níveis de proficiência.

Esta forma de apresentação das competências, além de facilitar sua compreensão, permite ao avaliador definir uma métrica, a partir da curva normal.

O livro também apresenta detalhadamente algumas ferramentas para avaliar competências

1. **Inventários** que orientam a identificação do potencial de desenvolvimento das competências universais e indicam os pontos fortes do estilo pessoal contribuindo para o autoconhecimento. As denomina-

das Árvores das Competências, cujo teor está ancorado em dez competências universais, compõem uma ferramenta que aponta direções, estimula o estabelecimento de metas de desenvolvimento e a busca da excelência.

2. **Atividades práticas ilustrativas** para uso em processos de seleção com simulados: vivência de inclusão e apresentação, jogo de empresa, roteiro para discussão em equipe e dinâmica para encerramento do processo.

3. **Metodologia STAR** para uso na entrevista por competências, com roteiro de perguntas e sugestão da métrica para pontuação. A metodologia confere aos entrevistadores a postura profissional adequada, mediante roteiros pré-determinados, focando o perfil de competências a ser verificado.

4. **Simulados** que atendem à necessidade de observar candidatos e/ou avaliados em ação.

5. **Métrica** que aborda cinco níveis de proficiência, com sugestões de pontuação, orientações para ranqueamento e modelo de relatórios de resultados. Estes procedimentos têm como finalidade atender à demanda de profissionais e empresas em sistematizar seus processos de avaliação e verificação de potencial.

6. **Sinalizador de potencial**, o resultado consolidado, a partir do conjunto de informações geradas pelas ferramentas usadas na avaliação, é apresentado na forma de sinalizador de potencial. Esta ferramenta serve como âncora ao avaliador para fornecer feedback, realizar coaching e orientar o plano individual de desenvolvimento.

Boa leitura e prática!
Maria Rita Gramigna

• • •

Sumário

Parte 1 • O que é a Gestão por Competências 1

Capítulo 1: Uma Breve Introdução 1

Como Diferenciar Dois Momentos de Avaliação de Competências.............4

Capítulo 2: Competências Universais...7

Capítulo 3: Árvores das Competências 11

Capacidade de Adaptação e Flexibilidade 12

Comunicação e Interação 15

Atitudes e Linguagem..16

Os atos linguísticos 17

Como usar os diversos tipos de linguagem...18

Criatividade e Inovação 20

Fatores que Estimulam a Criatividade (Condições Básicas)....................23

Mudar para Criar ou Criar para Mudar?..24

Bloqueadores..25

Cultura da Qualidade 30

Liderança..33

Rezar em Qual Cartilha?...34

Orientação para Resultados..37

Planejamento e Organização 39

Procrastinação. Que Bicho É Esse?...40

Como transformar a procrastinação em ação? 40

Inventário Pessoal...41

Gestão por Competências

Relacionamento Interpessoal 45

As Emoções no Ambiente de Trabalho 46

As cinco emoções básicas 46

Trabalho em Equipe 50

Visão Sistêmica 53

Capítulo 4: Atitudes, Conhecimentos e Habilidades 57

As Atitudes 57

O Conhecimento 59

As Habilidades 60

Considerações sobre inventários 60

Parte 2 • Ferramentas para as Métricas: Inventários & Simulados 61

Capítulo 5: Inventário: Árvores das Competências 61

Árvore da Capacidade de Adaptação e Flexibilidade 62

Árvore da Comunicação e Interação 66

Árvore da Criatividade 70

Árvore da Cultura da Qualidade 74

Árvore da Liderança 78

Árvore da Orientação para Resultados 82

Árvore do Planejamento 86

Árvore do Relacionamento Interpessoal 90

Árvore do Trabalho em Equipe 94

Árvore da Visão Sistêmica 98

Capítulo 6: Inventário de Estilos de Pensamento: Seis Chapéus 103

Seis Chapéus do Pensamento 104

Importância de Cada Chapéu no Cotidiano de Trabalho 109

Chapéu azul 109

Chapéu preto 109

Sumário

Chapéu branco...110

Chapéu vermelho..110

Chapéu amarelo...111

Chapéu verde...111

Curiosidades..111

Os Seis Chapéus e a Competência Comunicação e Interação......................112

Modos Interativos dos Seis Chapéus (Texto de Apoio)..............................113

Os Seis Chapéus e Sua Aplicação na Área de Vendas................................115

Capítulo 7: Inventário: Você é um Líder Coach?..119

Métrica..124

Capítulo 8: Inventário: Tetragrama..129

Os Quatro Estilos e a Metáfora dos Quatro Elementos:.............................134

Métrica — Escala de Pontuação..134

Interpretação do Tetragrama...135

T = Terra...135

Importância do elemento terra no ambiente empresarial............................136

G = Água...137

Importância do elemento água no ambiente empresarial...........................138

A = Ar...139

Importância do elemento ar no ambiente empresarial...............................140

F = Fogo..141

Importância do elemento fogo no ambiente empresarial...........................142

Alguns estilos a partir do resultado do Tetragrama..............................142

Capítulo 9: Simulados..147

Postura dos avaliadores...148

Modelo Didático para Simulados..149

Formulários para registro de resultados..149

Exemplo 01 — Formulário para Registro de   Comportamentos
Observados em Cada Atividade..150

Exemplo 02 — Formulário que Reúne Todas as Atividades
de um Simulado..150

Gestão por Competências

Capítulo 10: Atividades para Simulados..153

Atividade de Inclusão e Apresentação: Brasão Pessoal...............................153

Atividade Jogo de Empresa: Oficina da Excelência....................................157

Etapas Pós-Vivência do Jogo 161

O que Observar e Registrar..163

Atividade Complementar: Caso da Ponte 165

Atividade de Encerramento: Feedback das Cores...........................168

Métrica 172

Parte 3 • Entrevista por Competências 173

Capítulo 11: Metodologia STAR...173

Roteirização Star...174

Elenco de Competências e Sugestões de Roteiro para "Girar a Estrela".......175

01. Capacidade de adaptação e flexibilidade..............................175

02. Comunicação e interação...175

03. Criatividade e inovação 176

04. Cultura da qualidade — foco no cliente................................177

05. Liderança..177

06. Orientação para resultados..178

07. Planejamento e organização 178

08. Relacionamento interpessoal — inteligência emocional 179

09. Trabalho em equipe..180

10. Visão sistêmica 181

Outras Sondagens de Indicadores de Competências....................182

01. Assumir responsabilidades 182

02. Persistência e determinação...182

Métrica 183

Capítulo 12: Perfil do Entrevistador 185

Postura Assertiva do Entrevistador..187

Escala de Efetividade no Uso das Ferramentas para

Seleção por Competências..188

Capítulo 13: Sinalizador de Potencial 189

Capítulo 14: Feedback 193

Passos para a Entrevista de Feedback 194

Capítulo 15: Recrutamento 197

As Fases do Recrutamento 198

Vantagens dos Dois Tipos de Recrutamento 198

Parte 4 • Cases 201

Case 01: Sobre Formação de Banco de Potencial por Competências 201

Implantação do Banco de Potencial na Secretaria de
Estado da Fazenda de Minas Gerais 201

Breve Histórico das Ações de Gestão de Pessoas na SEF 202

Banco de Potencial 203

Origem 204

Valores de Sustentação do Banco de Potencial e Respectivas Premissas 204

Objetivos do Banco de Potencial 205

Aplicação 206

Pontos Fortes — Oportunidades 206

Contribuição do Banco de Potencial para os Processos Seletivos 207

Compromissos da SRH/SEF com o Processo de Renovação
do Banco de Potencial 208

"Mapeamento de Competências Individuais dos
Servidores Fazendários" 209

Case 02: Sobre Fontes de Recrutamento 213

Apresentação 214

A seleção de pessoas na Dec Rio Piranhas 214

Relato de Colaboradores 216

Gestão por Competências

Case 03: Sobre Experiência com Seleção de Pessoal
e Fontes de Recrutamento..217

As vantagens e desvantagens das fontes de recrutamento 218

Case 04: Sobre a Seleção de Pessoal na Empresa...............................221

Apresentação...221

A seleção de pessoal na Patrus..222

O Recrutamento..222

As Ferramentas 223

Mensuração de Resultados...224

Case 05: Sobre o Processo de Recrutamento e Seleção 225

Apresentação...225

Pessoas — o diferencial competitivo da Microcity................................227

O Perfil de Competências do Colaborador Microcity............................227

O Processo de Recrutamento e Seleção de Pessoas.............................228

Fontes de Recrutamento Utilizadas pela Microcity.............................230

Ferramentas Usadas no Processo de Seleção 231

Índice de Aproveitamento 233

Case 06: Sobre Seleção e Retenção de Talentos na Empresa 235

Breve descrição da empresa...235

A Seleção na Têxtil RenauxView S/A 237

Nossas Principais Fontes de Recrutamento 237

Resultados dos Processos Seletivos e Estratégias
de Retenção de Talentos 238

Histórico do sr. Walter Orthmann 239

Discurso de Walter Orthmann durante a homenagem da Fiesc
— Ordem do Mérito Industrial e Sindical (25/05/2013) 240

Glossário...243

Bibliografia Sugerida 247

Índice 249

Parte 1 • O que é a Gestão por Competências

Capítulo 1

Uma Breve Introdução

> "O homem adoece quando não é aquilo que deve ser. A razão de todos os distúrbios humanos reside no fato de que quando ele não conhece sua dimensão, é nivelado segundo o modelo imposto pelo Estado, sufocado em sua humanidade individualizada pela degradação geral e pela perda do fundamento do etos."
>
> **— Hanna Wolff**

A gestão de pessoas por competências é um modelo que foi adotado primeiramente nos anos 1970, nos Estados Unidos, e durante as duas décadas seguintes foi introduzido nas empresas europeias. No Brasil, chegou no mercado a partir de 1990, com as primeiras publicações e a implantação de projetos importados ou impulsionados pelas multinacionais, sob a orientação de suas matrizes em outros países.

Definição de gestão por competências: conjunto de ferramentas, instrumentos e processos metodológicos voltados para a gestão estratégica de pessoas.

A gestão por competências engloba um conjunto de ferramentas e instrumentos voltados para as diversas funções de recursos humanos, tornando cada processo integrado e com melhores resultados para as organizações. Neste contexto, definimos competências como um conjunto de habilidades, atitudes e conhecimentos que as pessoas desenvolvem e colocam em prática nos contextos onde atuam.

Dentre estas funções, destacamos:

1. **Provimento:** engloba o recrutamento e a seleção, a identificação de sucessores, a formação do banco de potencial e de competências.

2. **Capacitação:** constituída pelo treinamento e desenvolvimento, bem como por todas as ações educacionais e oportunidades internas e externas oferecidas pela empresa.

3. **Avaliação:** agrega todos os processos de avaliação de potencial e de desempenho dos colaboradores.

4. **Controle:** abrange os processos de registro funcional dos colaboradores, desde sua inserção na empresa, sua movimentação, demissões e estudos de pré-aposentadorias.

5. **Carreira e remuneração:** referente aos processos de movimentação na carreira (horizontal e/ou vertical), as regras e normas para que isso aconteça e os estudos de remuneração para o modelo de gestão adotado pela empresa.

Estas funções devem "conversar entre si", permitindo que o staff e os colaboradores tenham uma visão clara das práticas internas de gestão. Por exemplo: o profissional selecionado e admitido na empresa precisa ter a visão de suas possibilidades de carreira e ter claras as exigências para que consiga galgar os degraus que permitem a mudança de função. Para que isso aconteça, as pessoas responsáveis pela seleção e pelos processos de carreira e remuneração devem atuar com interfaces e comunicação fluida, clara e objetiva.

Ao mesmo tempo, a área de capacitação (treinamento e desenvolvimento) necessita das informações referentes às performances dos colaboradores para desenhar seus programas institucionais, com base nos *gap* de competências. Logo, precisa das informações referentes ao desempenho de cada colaborador, e assim por diante.

Uma Breve Introdução

Ainda vemos empresas que adotam modelos de gestão de pessoas, onde cada função se isola da outra, como feudos independentes, levando a ações desarticuladas e interferindo sobremaneira na motivação e nos resultados das pessoas. Na impossibilidade de enxergar suas possibilidades de carreira, com poucas (ou nenhuma) oportunidades de desenvolvimento e crescimento, a consequência é a perda de talentos ou a baixa produtividade.

Por outro lado, quando uma empresa adota as boas práticas de gestão, os colaboradores se sentem valorizados, produzem mais e são fidelizados. A integração entre as diversas funções permite uma gestão aberta, transparente e com grandes possibilidades de sucesso e excelência.

Neste capítulo, apresento o modelo que desenvolvi a partir de 1996, cujos módulos foram ampliados à medida que as demandas surgiram.

Estrutura do Modelo MRG

Implantado em etapas, o eixo central do modelo de competências Maria Rita Gramigna (MRG) contém estratégias e ferramentas específicas. O processo de verificação e avaliação de competências que se desdobra na seleção e no banco de potencial está neste eixo central e pode ser realizado na segunda etapa do processo, após o desenho dos perfis institucionais e das pessoas.

COMO DIFERENCIAR DOIS MOMENTOS DE AVALIAÇÃO DE COMPETÊNCIAS

Ao verificar se uma pessoa tem potencial em determinadas competências, são utilizadas ferramentas específicas, cujas atitudes, conhecimentos e habilidades dos avaliados permitem visualizar possibilidades futuras — vir a ser.

É importante distinguir os dois tipos de avaliação do modelo de competências: de potencial e de desempenho.

- Na **verificação de potencial,** obtemos informações que indicam as possibilidades de os profissionais assumirem uma nova função que exige competências específicas.

- Na **avaliação de desempenho,** o profissional é avaliado pelas competências que utiliza em seu trabalho, no presente momento.

As duas avaliações são muito importantes: ambas permitem desenhar trilhas de competências para ampliar o processo de desenvolvimento profissional e identificar perfis adequados para a ocupação de novas funções.

As organizações que implantaram a gestão por competências têm adotado o processo de formação do banco de competências, resultando em informações relativas ao potencial de seus colaboradores. Estas informações são acessadas nos processos de sucessão e nas seleções internas.

Um processo de seleção (interno ou externo) é baseado na análise do potencial dos candidatos para assumir novas responsabilidades. Os profissionais responsáveis por esta avaliação adotam instrumentos variados.

O quadro a seguir apresenta as vantagens e desvantagens de cada instrumento usado no processo de seleção e avaliação de potencial.

Uma Breve Introdução

Instrumento	Como se processam	Vantagens	Desvantagens
1. Autoavaliação	Formulários preenchidos pelos próprios avaliados. O resultado apresenta a percepção do avaliado sobre suas tendências e provável nível de domínio nas competências do perfil.	• Rapidez de resposta. • Custo baixo.	• Subjetividade. • Retrata somente a percepção do avaliado. • Passível de retratar um perfil irreal.
2. Análise da avaliação de desempenho	Processo de avaliação onde o gestor e o colaborador preenchem formulários específicos de avaliação do desempenho, confrontam resultados, usam o feedback, analisam e chegam a um consenso sobre desempenho, metas e padrões. Ou seja, indica o nível atual do avaliado, nas competências do perfil.	• Estabelecimento de um clima de confiança entre as partes. • Possibilidades de melhoria do desempenho através do feedback. • Tempo relativamente curto. • Custo baixo.	• Possibilidades de parcialidade na avaliação se houver conflitos entre as partes. • Baseado em impressões, já que é difícil acompanhar todas as ações de cada colaborador. • Algumas vezes o processo torna-se frustrante para uma ou ambas as partes.
3. Observação no posto de trabalho	Observação do colaborador no exercício das suas funções e posterior avaliação pelo gerente, supervisor, instrutor ou cliente.	• Objetividade. • Simplicidade. • Custo baixo.	• Consome muito tempo. • Depende da maturidade do observador. • Causa estresse no avaliado.
4. Inventário para mapeamento de potencial	Instrumentos específicos, desenvolvidos e testados em laboratórios que permitem indicar tendências pessoais.	• Confiabilidade, quando validados por pesquisa, em amostra significativa. • Avaliação realizada por pessoas treinadas para tal. • Independe do gerente. • Tempo relativamente curto.	• Custo relativamente alto. • Não permite a observação da pessoa em ação, podendo algumas vezes ser manipulado pelo avaliado, com o objetivo de esconder alguma dificuldade. • Impossibilidade de adaptações às especificidades das empresas, já que são fechados e não se pode alterar sua estrutura.

Parte 1 • O Que é a Gestão por Competências

5. Entrevista por competências	Entrevista individual ou coletiva (por competências) realizada por especialista, com o objetivo de mapear potenciais e verificar o nível de experiência nas competências do perfil. Realizada com roteiros preestabelecidos.	• Contato direto com os colaboradores. • Avaliação por especialistas. • Ajudam a compreender como as pessoas reagem em situações específicas. • Entrevistas direcionadas de acordo com o perfil de competências da empresa.	• Demanda maior tempo. • Dispendioso. • O resultado depende da imparcialidade e maturidade do entrevistador.
6. Avaliação presencial, através de jogos, dinâmicas, simulações e desafios.	Participação de grupos de colaboradores em workshops ou seminários que oferecem atividades vivenciais, simulando situações e desafios do cotidiano empresarial. As atividades são selecionadas em função dos perfis de competências desejáveis.	• Confiabilidade. • Específica e adaptada às necessidades da empresa. • Avaliação com base em perfis de competências realizada por especialistas. • Possibilidade de observar as pessoas em ação, favorecendo a objetividade na avaliação. • Método comparativo. • Feedback imediato.	• Custo relativamente alto. • Exige especialistas em facilitação de grupos e experientes na metodologia de verificação de potencial. • Exige infraestrutura para o desenvolvimento das ações.

Quadro de vantagens e desvantagens dos instrumentos de seleção

Fonte: Instituto de Gestão de Pessoas (IGP). Conteúdos organizados por Maria Rita Gramigna a partir da experiência em consultoria no tema durante 22 anos, relatos de clientes e leitura de artigos e revistas da área de gestão em geral.

• • •

Capítulo 2
Competências Universais

O elenco de competências que chegou em nossas mãos, de origens variadas, foi o ponto de partida para a definição do rol de competências constante de nossa metodologia para uso na seleção e avaliação de potencial.

O quadro a seguir apresenta dez competências, consideradas universais, presentes na maioria dos perfis profissionais.

1.	Capacidade de adaptação e flexibilidade
2.	Comunicação e interação
3.	Criatividade e inovação
4.	Cultura da qualidade — foco no cliente
5.	Liderança
6.	Orientação para resultados
7.	Planejamento e organização
8.	Relacionamento interpessoal
9.	Trabalho em equipe
10.	Visão sistêmica

Quadro de competências universais

Fonte: MRG Consultoria e Treinamento Empresarial. Consolidado das competências mais demandadas pelas empresas brasileiras, atendidas por Maria Rita Gramigna, ao longo da aplicação do modelo, desde 1997.

Desenhando competências

Para que o perfil de competências retrate a necessidade real, é necessário ter uma visão aprofundada da empresa em questão, sua missão, visão, valores, negócio, estratégias, funções específicas que o avaliado vai assumir (o que vai além da descrição do cargo).

Em uma reunião de trabalho com o detentor da vaga ou gestor do grupo a ser avaliado, apresente um quadro com a descrição das competências em suas atitudes, conhecimentos e habilidades. Isso facilita a escolha.

No caso de uma seleção ou identificação de potencial, deve-se informar ao detentor da vaga que a escolha final será feita por ele, que deverá sondar o nível de experiência nas competências técnicas, durante a entrevista final. **Para tal, a equipe ou o profissional de seleção encaminhará para essa entrevista três ou quatro candidatos mais próximos do perfil desejado.**

Para melhor entendimento dos indicadores de cada uma das competências, utilizaremos a metáfora da árvore.

Copa: habilidades

Ações de entrega. O que a pessoa **FAZ** com a competência. A copa de uma árvore produz o resultado da sua trajetória de desenvolvimento. Poderá fornecer sombra, frutos ou flores. Em nossa metáfora, a copa representa as habilidades, a entrega e o resultado.

Tronco: conhecimentos

O que a pessoa **SABE** sobre a competência. O tronco dá sustentação a uma árvore assim como os conhecimentos e experiências fortalecem uma competência.

Raiz: atitudes

Como a pessoa **SE COMPORTA** na competência. Nível de motivação, comprometimento e interesse. A raiz simboliza a estrutura da competência, representando atitudes e comportamentos baseados em valores, crenças, motivações e preferências. Podemos afirmar que a raiz de uma competência está nas atitudes que temos com relação à mesma.

•••

Capítulo 3
Árvores das Competências

A figura da árvore ajuda a entender os componentes de uma competência, constando de atitudes, conhecimentos e habilidades.

Apresentamos para cada competência os níveis de proficiência que indicam comportamentos relativos a performances dos avaliados: da mais distante do perfil desejado até o quadrante da excelência (níveis de 1 a 5).

proficiência

pro.fi.ci.ên.ci.a

sf (lat proficientia) 1 *Qualidade de proficiente.* **2** *Competência, mestria.* **3** *Proficuidade, vantagem.*

Fonte: *http://michaelis.uol.com.br/*

Os **níveis de proficiência**, apresentados logo após cada competência, indicam comportamentos relativos a cada performance, da mais distante do perfil desejado até o quadrante da excelência (níveis de 1 a 5), permitindo ao avaliador agrupar os avaliados em blocos:

> **1** – nível crítico
> **2** – nível médio (inferior)
> **3** – nível médio
> **4** – nível médio (superior)
> **5** – nível de excelência

Usando como referência a curva normal, podemos visualizar os níveis de proficiência e usar as escalas de pontuação sugeridas.

Nível X modelos de pontuação

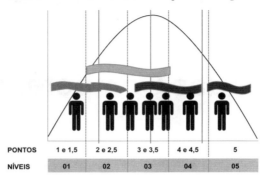

Curva normal e posicionamento dos avaliados, de acordo com a pontuação.

CAPACIDADE DE ADAPTAÇÃO E FLEXIBILIDADE

DEFINIÇÃO:
Habilidade para adaptar-se oportunamente às diferentes exigências do meio, sendo capaz de rever sua postura frente a novas realidades.

HABILIDADES:
- Posiciona-se de acordo com seus princípios e valores, respeitando o outro.
- Convive e enfrenta as mudanças mantendo qualidade e produtividade (desempenho).
- Adapta-se a situações adversas.
- Muda de posicionamento quando percebe que o ganho para o todo é mais importante do que o ganho individual, mantendo o comprometimento com os resultados.
- Discute ao ouvir as posições do outro e coloca as suas ideias de forma apropriada.

CONHECIMENTOS:
- Contextos da atualidade, fatos e informações gerais.
- Filosofia e premissas do pensamento sistêmico.

ATITUDES:

- Receptividade a novas proposições.
- Disposição para rever e mudar de opiniões quando necessário (quebrar paradigmas).
- Desprendimento, desapego.
- Demonstração de respeito a ideias contrárias.
- Abertura ao novo.
- Abertura para mudanças de referências pessoais (mudanças de processos, local de trabalho, equipes, funções etc.).
- Disponibilidade para passar de um modelo mental para outro.
- Respeito a ideias contrárias.

> "Em noites de tempestade, as árvores rígidas são as primeiras a quebrar. As flexíveis se curvam e deixam o vento passar."
>
> **— Provérbio Chinês.**

A flexibilidade confere ao profissional que a domina a capacidade de adaptação às diversas situações e demandas do cotidiano no mundo dos negócios, em um cenário de constantes mudanças.

É uma competência importante que nos ajuda a lidar com desafios simultâneos, identificando estratégias sem perder o foco.

As mudanças estão presentes em nossa vida: alternâncias de poder, transferências para áreas diversas, formação de novas equipes, fusões e incorporações, adequação de novos modelos de gestão, dentre outras.

O profissional flexível adapta-se positivamente às mudanças, agindo de forma adequada e assertiva nos contextos que se apresentam.

O decálogo a seguir apresenta algumas características do profissional flexível e adaptativo:

1. Velocidade de adaptação às mudanças.
2. Facilidade para lidar com ambiguidades e incertezas, sem perder o foco.
3. Equilíbrio emocional.

Parte 1 • O Que é a Gestão por Competências

4. Facilidade de reiniciar as ações quando percebe falhas em andamento.

5. Facilidade para identificar oportunidades onde outros enxergam riscos.

6. Autoconfiança e crença de que tudo pode ser resolvido, desde que sejam dedicados esforços para tal fim.

7. Capacidade de aprender com fracassos.

8. Atitude positiva frente às adversidades.

9. Percepção aguçada e clara dos contextos.

10. Tolerância à ambiguidade

Proficiência

Observação: nesta competência os dois extremos (excesso de flexibilidade e rigidez) são pontuados no nível 1.

Nível	Interpretação
1	Demonstra alta resistência a mudanças e apresenta dificuldades para lidar com opiniões contrárias. Não se disponibiliza para ouvir o outro e não expõe seus pontos de vista. Não percebe que possui esta dificuldade. Necessita demonstrar maior abertura ao novo, adotando atitudes de aceitação e adaptação às novas situações, bem como o respeito às ideias diferentes das suas.
2	Demonstra flexibilidade excessiva, denotando dificuldades em assumir posições no grupo. Mediante as diferentes exigências do meio, precisa colocar-se com mais firmeza, defendendo suas opiniões nos debates. Deve aperfeiçoar seus argumentos contribuindo mais para os resultados da equipe. Necessita demonstrar posições mais firmes diante das propostas de inovação e mudança, evitando aderir sem analisar o contexto.
3	Demonstra habilidade para adaptar-se às situações novas. Consegue flexibilizar suas posições nos debates e rever suas opiniões. Tende a comprometer-se com os resultados e focar sua atuação no ganho para o todo. Posiciona-se ouvindo e argumentando nos momentos apropriados. Na maioria das vezes, favorece o consenso e revê sua postura mediante as diferentes exigências do meio. Em alguns momentos adota comportamento inflexível. Pode ampliar as atitudes mais empáticas e demonstrar mais disponibilidade para mudar as referências pessoais.

Árvore das Competências

| 4 | Demonstra habilidade em rever sua postura mediante as diferentes exigências do meio e às situações novas. Adota postura flexível nos debates, atitudes empáticas e utiliza argumentos apropriados que auxiliam o consenso grupal. Apresenta receptividade a novas proposições e facilidade para lidar com mudanças. Adapta-se a situações adversas. Apresenta abertura ao novo. Tem uma boa escuta e interpreta o contexto apropriadamente, facilitando adesão a mudanças. |
| 5 | Destaca-se por sua habilidade em rever sua postura mediante as diferentes exigências do meio. Flexibiliza-se nos debates, adota atitudes empáticas e utiliza argumentos apropriados que auxiliam o consenso grupal. Adapta-se a situações adversas, enfrentando as mudanças com tranquilidade e assertividade. Demonstra interesse por inovações, facilidade em romper paradigmas e disponibilidade em efetivar mudanças de posicionamento, com o foco no ganho do grupo. Apresenta facilidade para a escuta, compreende e interpreta o contexto de forma assertiva e interpreta as situações apresentadas com propriedade e empatia. |

COMUNICAÇÃO E INTERAÇÃO

DEFINIÇÃO:
Capacidade para interagir com as pessoas apresentando facilidade para ouvir, processar e compreender a mensagem. Facilidade para transmitir e argumentar com coerência e clareza, promovendo feedback sempre que necessário.

HABILIDADES:
- Apresenta comunicação falada, escrita ou gráfica de forma organizada e correta.
- Comunica-se através de argumentos, fatos e dados coerentes.
- Sabe ouvir, dar e receber feedback de forma educada e cortês.
- Usa termos adequados ao contexto (evita palavras desconhecidas e estrangeiras).
- Interpreta a comunicação com propriedade (entende).
- Comunica-se de forma objetiva (não é prolixo, subjetivo e/ou cansativo).

CONHECIMENTOS:
- Processo de comunicação.
- Técnicas de expressão verbal.
- Meios disponíveis na instituição.
- Tecnologias de informação utilizadas na empresa.
- Técnicas de feedback.
- Língua portuguesa.

ATITUDES:
- Adota uma postura de escuta e interesse no que os outros falam.
- Busca informações e pergunta quando tem dúvidas.
- Nas discussões, esclarece seus pontos de vista quando os outros necessitam.
- Reage de forma natural a feedback que inclui críticas.
- Oferece feedback com propriedade, cortesia e respeito com a outra parte (mesmo quando este inclui crítica).
- Busca aproximação com as pessoas e é receptivo aos contatos.
- Quando se dirige às pessoas age com flexibilidade e obtém atenção.

O ser humano se comunica de diversas maneiras: com palavras, gestos, expressões faciais, atitudes e comportamentos.

Dominar esta competência é fundamental para a interação com os outros, no trabalho e na vida.

A responsabilidade pela comunicação é sempre daquele que pretende atingir resultados através dela. Logo, cabe a cada um buscar a excelência.

O texto a seguir fornece algumas dicas sobre formas de comunicação e sua linguagem.

Atitudes e Linguagem

Antes de "colocar a boca no trombone" é necessário reconhecer que palavras e atitudes exercem um poder assustador na vida das pessoas. Podem ajudar a construir uma autoimagem positiva ou destruir sonhos e desejos.

Um pouco do que somos e fazemos hoje deve-se aos estímulos que recebemos dos outros. Os familiares exerceram influência em nossa infância, professores e mestres na educação formal e na vida profissional, os gerentes e líderes com os quais convivemos.

Pessoas são diferentes umas das outras e enxergam um mesmo fato de forma única. Há casos em que a atitude pessoal facilita a convivência e em outras ocasiões torna a interação um encargo pouco agradável. E é com esta realidade que os líderes precisam aprender a conviver.

Vejamos dois exemplos muito comuns no cotidiano empresarial:

Situação número um:

O relacionamento entre as partes está esgarçado. Os envolvidos percebem que há chances de superação e resgate da confiança. Existe abertura e flexibilidade para ouvir e esclarecer possíveis mal-entendidos, o que torna o contato mais produtivo. O resultado quase sempre é o retorno da harmonia.

Situação número dois:

Os problemas de interação são passíveis de resolução, porém uma das partes se mantém inflexível, recusa uma aproximação e mantém a posição de "dono da verdade". Neste caso, as relações permanecem sob um clima de ressentimento e fatalmente afetará o ambiente.

Duas posições existenciais destacam-se nas situações acima.

A primeira marcada pela **abertura** e a última pela **inflexibilidade,** que ilustram as diferenças individuais e suas consequências no clima organizacional.

Existe uma crença bastante arraigada nas empresas e que precisa ser repensada: *as pessoas devem ser tratadas da mesma forma.* Desconfio da veracidade desta máxima. A realidade de cada um é interpretada de acordo com sua experiência de vida. Um comentário lúdico e bem-humorado sobre o trabalho para uma pessoa pode ser percebido como um gracejo sem maiores consequências e, para outra, significar uma grave ofensa.

Daí a necessidade de o líder desenvolver cada vez mais sua habilidade em comunicação. Cuidados com a linguagem, a forma e o momento são imprescindíveis.

Os atos linguísticos

Gestores e líderes de equipes têm ao seu dispor vários tipos de linguagem, uns mais eficientes e outros menos.

- **As afirmações** descrevem um fenômeno com neutralidade, sem juízo de valor. É a forma mais imparcial no processo de comunicação e a que menos afeta emocionalmente as pessoas.

Parte 1 • O Que é a Gestão por Competências

- **As declarações** definem a realidade. No ambiente empresarial, quem declara é o presidente, diretor ou gerente. Eles possuem autoridade para tal. Declarações feitas por pessoas que não detêm o poder formal tornam-se inválidas. Faz parte do papel do declarante assumir a responsabilidade pelo que declarou e suportar as consequências das mudanças nas regras do jogo.

- **Os julgamentos** incluem opiniões pessoais influenciadas por valores e crenças. Além das conversas informais, os juízos se estendem no ambiente empresarial, entrelaçando-se nos outros tipos de linguagem. Sorrateiramente, como quem não quer nada, o juízo de valor vai influenciando o comportamento das pessoas, nem sempre de forma positiva.

- **As solicitações e ofertas** são usadas quando se pretende gerar compromissos na equipe.

- **As promessas** configuram o futuro. A cada solicitação segue-se uma oferta, atrelada a resultados negociados.

Como usar os diversos tipos de linguagem

As declarações, **as solicitações** e **as promessas** quase sempre vêm acompanhadas de juízos de valor, interferindo em sua finalidade.

Por representar a realidade unilateral, **o julgamento** dificulta as relações interpessoais e a conquista do resultado desejado.

Se o que se pretende é obter a adesão de colaboradores em um projeto específico, deve-se usar a **linguagem de solicitação**, evitando qualquer crítica ou referência a fracassos do passado. Apontar êxitos, indicar pontos fortes, desafiar para a ação, negociar metas, definir formas de acompanhamento de resultados e qualificar o potencial das pessoas são atitudes que certamente agirão como fontes de estímulo.

Se o objetivo da comunicação é **declarar** mudanças, deve ser anunciado pela autoridade em questão. Nem sempre as mudanças declaradas são aceitas de bom grado pelas equipes. Neste caso, o gerente é o responsável pelo repas-

Árvore das Competências

se de informações que permitam a compreensão do contexto e pela sensibilização das pessoas.

A linguagem **afirmativa**, por ser neutra, auxilia todas as outras.

O juízo de valor faz mais estragos nas relações interpessoais quando é direcionado para as pessoas.

Frases tais como "você não está se esforçando", "você precisa estar atento" ou "nós nunca planejamos nesta empresa" minam a motivação da equipe.

O desafio na comunicação assertiva é usar as palavras de forma construtiva e imparcial, eliminando os juízos de valor.

Elas são tão poderosas que podem mudar a realidade de uma pessoa.

Proficiência

Níveis	Interpretação
1	Comunica-se de forma discreta, embora receptiva. Apresenta dificuldades para colocar-se no grupo. Ao se expressar, tem uma fala inadequada. Necessita compartilhar mais ideias e informações com as pessoas. Demonstra receio em receber e fornecer feedback. Estabelece poucos contatos, posicionando-se de maneira reservada diante da equipe. Deve ampliar sua interação para contribuir mais efetivamente com o grupo.
2	É receptivo às pessoas ao estabelecer contatos. Apresenta disponibilidade para expor suas ideias, mas em determinados momentos expressa-se com pouca objetividade, o que interfere na clareza de sua comunicação. Apresenta tranquilidade para receber e fornecer feedback. Necessita intensificar a troca de informações e aprimorar o conteúdo de suas falas.
3	Relaciona-se, a princípio, de forma tímida, adotando aos poucos comportamentos espontâneos (à medida que se inclui nos grupos). Fala com clareza e objetividade, usando termos apropriados ao contexto. Demonstra tranquilidade para receber e fornecer feedback. Na maioria dos contatos compartilha suas ideias, porém necessita intensificar a busca de informações para obter maior credibilidade com a equipe. Pode colocar-se mais disponível para efetuar trocas com o grupo, ampliando a reciprocidade nas relações.
4	Relaciona-se de forma espontânea interagindo com facilidade. Apresenta clareza e objetividade em suas colocações, usando termos apropriados ao contexto. Demonstra tranquilidade para receber e fornecer feedback. Na maioria dos contatos compartilha suas ideias, porém necessita intensificar a busca de informações para obter maior credibilidade com a equipe. Pode colocar-se mais disponível para efetuar trocas com o grupo, ampliando a reciprocidade nas relações.

Parte 1 • O Que é a Gestão por Competências

5	Relaciona-se de forma assertiva e empática. Destaca-se pela facilidade de comunicação, apresentando clareza, objetividade e segurança em suas colocações. Usa argumentos e comportamentos apropriados, posicionando-se de forma a favorecer as boas relações na equipe. Ouve com atenção, argumenta com coerência, oferece feedback com propriedade, cortesia e respeito com a outra parte. Solicita feedback de forma madura. Mantém sua equipe informada. Estabelece contatos com facilidade, transmitindo transparência e credibilidade, o que garante a eficácia na troca de dados e informações. Atua de maneira ética e cortês ao solucionar os conflitos, obtendo ampla adesão da equipe à sua comunicação.

CRIATIVIDADE E INOVAÇÃO

DEFINIÇÃO:
Capacidade para conceber soluções inovadoras, viáveis e adequadas para as situações apresentadas.

HABILIDADES:
- Capacidade para pensar de formas divergente e convergente (focar e desfocar ideias).
- Usa a imaginação para resolver problemas.
- Uso de analogias e/ou metáforas.
- Coloca as ideias em ação.
- Estrutura as ideias novas de forma que os outros entendam.
- Usa estratégias criativas para resolver problemas.
- Adota métodos diferenciados para situações específicas.
- Propõe novas formas de trabalho.

CONHECIMENTOS:
- Técnicas de resolução de problemas.
- Ferramentas da criatividade.

ATITUDES:
- Busca formas diferentes de trabalho.
- Apresenta facilidade em gerar novas ideias.
- Tem disponibilidade para ouvir e aproveitar as ideias dos outros.
- Mantém atitude espontânea.
- Demonstra estabilidade emocional e bom humor.
- Propõe formas diferentes de trabalho.

> "A vida está cheia de desafios que, se aproveitados de forma criativa, transformam-se em oportunidades."
>
> — Marxwll Maltz.

Problemas existem para ser sanados. Investir em um novo pensar e em um novo agir impulsiona as pessoas a mudar e melhorar o que deve e pode ser mudado e melhorado.

Que motivos levam líderes e equipes à paralisação, à repetição de fórmulas prontas e/ou à manutenção de um *status quo*?

Provavelmente porque a maioria das pessoas se julga pouco criativa.

O ser humano, por não acreditar em seu potencial criativo, cultiva diversos mitos, medos, visão restrita do valor da criatividade nos tempos atuais e possui a crença equivocada que as pessoas não mudam.

Os mitos:

O mito, segundo o dicionário Aurélio, é uma "ideia falsa, sem correspondente na realidade" e uma "imagem simplificada, não raro ilusória, elaborada ou aceita pelos grupos humanos, e que representa significativo papel em seu comportamento".

1. A criatividade é nata!

A crença de que o ser criativo já nasce pronto é um mito cultivado pelas pessoas. Na realidade, nascemos com um potencial ilimitado e, dependendo das condições às quais somos submetidos, este potencial poderá se apresentar sob diversas formas de inteligência:

1. Artística.
2. Corporal.
3. Emocional.
4. Espacial.
5. Expressiva.
6. Lógico-decisional.

7. Musical.

8. Sensorial.

9. Social.

10. Transpessoal.

11. Verbal e energética.

2. A criatividade é coisa de gente excêntrica!

A visão de que todo criativo é excêntrico, emotivo, louco, melancólico e/ ou revolucionário é reforçada pelo comportamento de alguns gênios, conhecidos pela humanidade. Porém a crença de que somente os gênios são criativos precisa ser desmistificada.

Os medos:

A cada esquina, existe um ser humano que desconhece seus talentos individuais e permanece com seu potencial latente. O que o impede de ser criativo?

Somos, por cultura, medrosos e preferimos, muitas vezes, deixar de fazer algo do que tentar e falhar. Nossa história está marcada por mandatos que nos estimulam à passividade e instigam nosso medo de agir.

O ser humano cultiva alguns medos aprendidos, dentre eles: de se expor, de ousar, de transgredir, de errar e da crítica. Reconhecê-los e superá-los é o passo fundamental em direção à expressão do potencial.

A criatividade está diretamente ligada à ação. É uma forma de perceber, sentir e se comportar que resulta em uma resposta prática e usual a problemas e desafios. É a capacidade de correr riscos calculados.

Quem precisa ser criativo?

Até bem pouco tempo, quando a tecnologia da informação ainda era restrita a um grupo de empresas mais abastadas e o mercado ainda permanecia estável e pouco influenciado por mudanças abruptas, a criatividade foi tratada como um dom reservado a algumas pessoas e pouco valorizada nos meios empresariais — período onde as mudanças eram quase imperceptíveis.

O mar estava calmo. Hoje estamos vivendo o tempo onde os mares a cada dia se agitam mais, sendo necessário descobrir novas rotas e novos procedimentos de navegação — ou o barco poderá afundar.

A quem cabe esta tarefa? A todos que estão envolvidos no empreendimento — do comandante aos ajudantes. Contudo, a principal responsabilidade pela iniciativa do processo é do líder — aquele que detém o poder de decisão e que determina os rumos da empresa. Inovação e criatividade são requisitos imprescindíveis no atual contexto. Cabe ao líder buscar respostas às perguntas: criar para quê? Mudar em que direção? Inovar de que maneira?

Fatores que Estimulam a Criatividade (Condições Básicas)

A seguir, relato a experiência de Yoshiro Nakamats (do livro *Grande Ideia*, de Charles "Chic" Thompson), detentor de mais de 2.300 patentes de inventos, dentre eles o disquete flexível de computador, o compact disc, o CD player e o relógio digital.

Nas falas de Yoshiro, percebemos algumas **condições básicas**, favoráveis à criatividade, que poderão servir como orientação e avaliação de ambiente para aqueles gerentes que pretendem iniciar um programa de criatividade em suas empresas.

- Encarar a concorrência como desafio

  "Em meu país (Japão), a concorrência é inacreditavelmente intensa. Desde cedo as crianças japonesas estão sob uma enorme pressão para aprender."

- Dar espaço e liberdade para criar

  "Eles (seus pais) me deram liberdade para criar e inventar — o que venho fazendo desde que sou capaz."

  "A liberdade é o mais importante de tudo, é crucial ser capaz de encontrar tempo e liberdade para desenvolver as suas melhores ideias."

Parte 1 • O Que é a Gestão por Competências

- Atuar em ambiente adequado

  "Ao desenvolver ideias, a primeira regra é: você deve ficar calmo. Assim, criei aquilo que chamo de a minha sala estática. É um lugar de paz e silêncio."

  "Vou à sala fazer associação livre. Vou jogando ideias e deixo minha mente divagar."

- Identificar o melhor momento para gerar ideias

  "Duas vezes por dia, dou cochiladas de 30 minutos em uma cadeira especial que projetei — a cadeira Cerebrex."

- Adotar um método, agir com foco

  "Encorajo a mim mesmo a atravessar os três elementos da criação:

  o Teoria do conhecimento.

  o Inspiração.

  o Praticabilidade, viabilidade e negociabilidade."

- Cultivar a cultura de participação e criar possibilidades de interação

  "Precisamos abrir o mundo. Precisamos compartilhar, interagir."

- Promover o esforço e a satisfação com resultados

  "Eu sempre me esforço para melhorar. Você precisa usar a sua vida. Se você tem potencial de dez e usa só oito, isso não é satisfação. Se você tem um potencial de dez e usa doze, isso é satisfação."

- Desmistificar o fator idade como impedimento à criatividade

  "Aos 62 anos sinto que ainda sou relativamente jovem. Muitos cientistas acreditam que podemos viver até os 120 anos."

Mudar para Criar ou Criar para Mudar?

Assim como não se chegou a uma conclusão sobre quem veio primeiro, o ovo ou a galinha, mudança e criatividade caminham lado a lado.

Mudar é um processo dinâmico. Exige habilidade para perceber cenários e contextos, sensibilidade e vontade de melhorar algo, esforço na busca de meios para efetivar a mudança, sistematização de procedimentos, decisão e coragem para agir.

Desenvolvendo nossa criatividade, aperfeiçoamos e melhoramos nossa forma de viver, tornando-nos mais felizes e plenos, o que certamente se refletirá em nossas empresas. À medida que conquistamos pequenos saltos qualitativos, ficamos mais disponíveis, produtivos e úteis àqueles que nos rodeiam

A criatividade representa uma **revolução mental**, uma nova forma de conhecer e pensar, que enfatiza a evolução do saber. Implica na construção de novos conhecimentos e na maximização da dimensão inventiva e fantástica da mente humana e sua capacidade de ampliação.

A criatividade não nos ensina o que aprendemos nos livros e sim nas práticas diárias, nas reflexões e em todas as formas de expressão. A imaginação transformadora e transgressora converte o ser humano em um crítico que melhora e inova.

Bloqueadores

Margarita de Sánchez, professora do mestrado em criatividade aplicada da Universidade de Santiago de Compostela, em sua tese sobre pensamento lógico-criativo, afirma que o desenvolvimento da criatividade e da inventiva se vê muitas vezes afetado pela presença de barreiras ou bloqueios mentais que impedem a geração livre de ideias e o uso adequado das informações disponíveis. A limitação da percepção faz com que a visão da realidade seja parcial.

Eis alguns limitadores (bloqueadores) da criatividade apontados por Margarita:

1. **Polarização:** adoção de posições extremas, causada geralmente por falhas na percepção.

    A pessoa:

    o Considera somente uma parte da informação que recebe.

    o Sustenta seus conceitos com argumentos que mostram uma visão incompleta da realidade.

Parte 1 • O Que é a Gestão por Competências

2. **Rigidez:** inflexibilidade para mudar enfoques e pontos de vista.
   A pessoa:

   o Tende a utilizar padrões em cadeia e pensamento linear.

   o Tem dificuldades para incorporar novas informações e enriquecer seus pontos de vista com os de outras pessoas e não aceita argumentos diferentes dos seus.

3. **Egocentrismo:** visão de túnel, centrada em si mesma.
   A pessoa:

   o Enxerga os fatos pensando na forma como a afetam.

   o Não consegue analisar situações de maneira imparcial.

4. **Parcialismo:** percepção somente de parte de uma situação, geralmente por insuficiência da percepção.
   A pessoa:

   o Analisa somente partes de uma situação.

   o Não tenta obter uma visão geral dos fatos.

5. **Visão otimizada da realidade:** observação de elementos soltos, sem integrá-los dentro de uma totalidade, nem relacioná-los entre si.
   A pessoa:

   o Percebe e observa elementos soltos.

   o Forma juízos, argumentos, descrições etc., sem significação pertinente ao contexto.

6. **Opiniões sem respaldo:** emissão de conclusões apressadas, sem obter as informações necessárias.
   A pessoa:

   o Opina sem ter a informação completa.

   o Argumenta sem bases conceituais e sem justificativas apropriadas.

   o Não usa o pensamento para explorar possibilidades.

   o Emite opiniões geralmente baseadas em preconceitos, crenças pessoais, emoções, ideias fixas etc.

Árvore das Competências

7. **Fixação em determinado tempo:** observação somente de certos períodos de tempo.

   A pessoa:

   o Vive do passado.

   o Pensa só no tempo presente ou no futuro.

   o Só observa curtos períodos de tempo.

   o Tem dificuldades em perceber a relação entre passado, presente e futuro.

8. **Distorções de valores:** dificuldades para perceber e lidar com variáveis de contextos.

   A pessoa:

   o Exagera os dados ao descrever fatos e situações.

   o Formula generalizações apressadas, sem bases reais e objetivas.

   o Gera argumentos aparentemente lógicos para sustentar ou defender seus pontos de vista.

9. **Pensamentos contrários:** adoção de posições contrárias que dificultam a comunicação eficaz e a busca de consenso.

   A pessoa:

   o Enfatiza suas posições em detrimento de uma exploração mútua dos fatos.

   o Empenha-se em demonstrar seus pontos de vista sem perceber posições comuns que facilitam o intercâmbio produtivo de ideias.

10. **Arrogância e presunção:** postura de superioridade e autossuficiência.

    A pessoa:

    o Assume posturas falsas e imaginárias que crê serem verdadeiras.

    o Possui crenças e preconceitos que distorcem a realidade.

    o Muitas vezes atua de forma polarizada sem respeitar os argumentos das outras partes.

Parte 1 • O Que é a Gestão por Competências

11. **Soberba:** superestima pessoal e desqualificação da capacidade dos outros.

A pessoa:

- o Assume condutas explosivas, geralmente ofensivas aos seus semelhantes.
- o Vê os erros dos outros e não percebe os seus.
- o Estabelece diferenças hierárquicas para destacar sua superioridade.

12. **Insegurança:** estado de desequilíbrio pessoal caracterizado por falta de confiança em si mesmo para responder às exigências e contingências do meio em que se desenvolve.

A pessoa:

- o Acredita que não é capaz de enfrentar e resolver os problemas.
- o Sente medo do novo.
- o Mostra-se ansiosa com o desconhecido.
- o Imagina resultados negativos ocasionados por desempenhos inadequados.
- o Busca apoio constantemente em outras pessoas — dependência.

13. **Baixo autoconceito:** sentimento de menos-valia.

A pessoa:

- o Pensa que não é capaz.
- o Tende a exagerar suas limitações.
- o Sente-se inferior.
- o Sugestiona-se e de fato se impõe limites.

14. **Implicações do ego:** necessidade de acertar sempre.

A pessoa:

- o Usa seus pensamentos para apoiar seu ego e para se manter sempre no modo correto.
- o Tem dificuldades para aceitar ideias úteis e positivas.

> o Tem dificuldades para admitir erros.
>
> o Filtra as informações que recebe, de acordo com seus interesses.

15. **Fingimento:** adoção de posições falsas ante os demais, as quais não correspondem à realidade.

A pessoa:

> o Demonstra o que não sente.
>
> o Adota posturas incoerentes.

Você sabia que...

Criatividade é... Saber utilizar maneiras especiais e efetivas de pensar e agir, de lidar com o mundo e de resolver problemas. Capacidade de ampliar o *círculo de influências*.

Inovação é... Aplicar a criatividade para agregar valores ao que já existe, melhorar um sistema.

Inventiva é... A capacidade de criar algo inédito, a partir de uma ideia ou da associação de ideias.

Proficiência

Nível	Interpretação
1	Arrisca-se algumas vezes a sugerir e agir de forma não usual, tentando dar respostas alternativas aos problemas e desafios; entretanto, não consegue levar suas ideias adiante. Necessita aperfeiçoar sua capacidade de as expor e explorar mais sua capacidade de criação, demonstrando mais convicção e persistência para obter adesão do grupo e contribuir para o alcance de resultados.
2	Algumas vezes age de forma não usual, tentando dar respostas alternativas aos problemas e desafios. Propõe formas diferentes de trabalho e esforça-se para convencer a equipe. Poderá explorar mais sua capacidade de persuasão e comunicação de ideias bem como sua persistência para obter adesão do grupo e contribuir para o alcance de resultados.
3	Atua com grau de criatividade médio, apresentando dificuldades para usar a imaginação na resolução de problemas. Apresenta alternativas apropriadas para os desafios propostos, formula ideias de maneira organizada e compreensível. Propõe e consegue aplicar formas diferentes de trabalho. Percebe necessidades de melhorias nos processos. Tem dificuldade para ouvir o grupo e pode aproveitar melhor as ideias dos outros, agregando valor às suas.

Parte 1 • O Que é a Gestão por Competências

4	Atua com um bom grau de criatividade, usando a imaginação para resolver problemas. Apresenta novas alternativas para os desafios propostos, formula ideias de maneira organizada e compreensível. Propõe e consegue aplicar formas diferentes de trabalho. Percebe necessidades de melhorias nos processos. Tem dificuldade para ouvir o grupo e pode aproveitar melhor as ideias dos outros, agregando valor às suas.
5	Destaca-se pela forma criativa e inventiva em solucionar problemas. Amplia o campo de visão, apresentando ideias originais, de forma estruturada e compreensível. Propõe e aplica formas diferentes de trabalho. Faz uso de analogias e comparações para potencializar a criação. Atua de maneira espontânea. Ouve e aproveita as contribuições da equipe. Coloca em prática suas ideias criativas, destacando-se pelo alcance na melhoria dos processos, usa ferramentas adequadas para operacionalizá-las. Demonstra flexibilidade e ajusta paradigmas. Revela estabilidade emocional e bom humor.

CULTURA DA QUALIDADE

DEFINIÇÃO:

Postura orientada para a busca contínua da satisfação das necessidades e superação das expectativas dos clientes internos e externos.

HABILIDADES:

• Sabe estabelecer indicadores de desempenho das metas e acompanhá-los.

• Sabe ouvir críticas, sugestões e solicitações de clientes.

• Usa alguma medida para verificar resultados.

• Sabe extrair o máximo de recursos disponíveis.

• Usa com propriedade o marketing de relacionamento.

• Age com exatidão e agilidade no atendimento das necessidades do cliente.

• Atende de forma correta, deixando o cliente satisfeito.

• Cria canais de comunicação com o cliente.

CONHECIMENTOS:

• Conhecimentos sobre as ferramentas da qualidade definidas pela instituição.

• Funcionamento e estrutura de uma instituição, compreendendo a inter-relação e a interdependência entre as partes.

• Conhecimento básico de estatística.

Árvore das Competências

ATITUDES:

- Interessa-se em conhecer as necessidades dos clientes internos e externos, procurando meios de atender (ver pela ótica do cliente).
- Antecipa-se às necessidades dos clientes (é pró-ativo).
- É receptivo a críticas, sugestões e solicitações dos clientes.
- Procura desenvolver as tarefas com qualidade, acertar sempre e corrigir falhas.
- Preocupa-se com a melhoria contínua dos processos (acredita que tudo pode ser melhorado).
- Dá importância aos indicadores de desempenho das metas e os acompanha.
- É persistente na implantação de soluções.
- Respeita a opinião dos outros, evitando se colocar como o "dono da verdade".

> "A cultura corporativa é um padrão de pressuposições básicas de um determinado grupo, o qual está relacionado à forma como este grupo aprende a lidar com seus problemas de adaptação externa e de integração interna, e que tem funcionado suficientemente bem a ponto de ser considerado válido e ensinado a novos membros que sejam incorporados ao grupo como a maneira correta de perceber, pensar e agir sobre os problemas que surgirem."
>
> **— SCHEIN, 1991.**

O conceito de empresa voltada para o cliente foi propagado por Peter Drucker durante décadas, tornando-se um diferencial no mundo moderno. Esta vantagem competitiva é alvo das empresas atuais que enxergam os clientes como parceiros, adotando a cultura da qualidade como orientação estratégica.

A satisfação do cliente (externo ou interno) é uma busca constante nas empresas de vanguarda.

O quadro a seguir apresenta algumas habilidades, conhecimentos e atitudes que favorecem a criação da cultura da qualidade nas organizações.

Parte 1 • O Que é a Gestão por Competências

Proficiência

Nível	Interpretação
1	Não sabe estabelecer indicadores de desempenho das metas e acompanhá-los. É pouco receptivo a críticas, sugestões e solicitações dos clientes. Usa sem propriedade o marketing de relacionamento. Age com pouca exatidão e não tem agilidade no atendimento das necessidades do cliente, deixando-o insatisfeito. Não consegue criar canais de comunicação com o cliente. Age sem foco nos resultados, o que desfavorece as partes. Demonstra desconhecer o real valor do cliente para o negócio da empresa, desenvolve as tarefas sem qualidade e não corrige falhas. Tem dificuldades na implantação de soluções.
2	Embora saiba estabelecer metas, não acompanha sua execução, o que interfere no cumprimento de prazos. Procura manter um bom relacionamento com o cliente, embora com foco em temas pouco relacionados com o negócio em questão. Algumas vezes consegue atender o cliente, e, em outras, deixa-o insatisfeito. Ora valoriza o cliente, ora age com foco na tarefa em detrimento do atendimento às necessidades do cliente. Apresenta qualidade média nos serviços e/ou produtos a ser entregues ao cliente. Necessita ampliar o foco no cliente e melhorar a forma de atendê-los.
3	Estabelece indicadores de desempenho para metas, embora algumas vezes o dimensionamento das mesmas seja super ou subvalorizado (metas muito baixas ou muito altas). Procura ouvir o cliente em suas sugestões e críticas, necessitando agir para melhorar sua performance a partir do feedback recebido. Mantém relação cordial com os clientes. Atende nos prazos, embora algumas vezes negocie prorrogação para a entrega do serviço ou produto. Apresenta boa qualidade na execução das tarefas e demonstra valorizar bons resultados.
4	Sabe estabelecer indicadores de desempenho para metas e ouve o cliente em suas sugestões e críticas. Embora procure corrigir falhas quando os prazos se reduzem, tende a manter o mesmo comportamento que gerou reclamações ou críticas. Utiliza os canais de comunicação existentes para manter contatos com o cliente. Mantém foco nos resultados e demonstra reconhecer o valor dos clientes. Usa com propriedade o marketing de relacionamento, aproximando-se dos clientes regularmente.
5	Destaca-se pela facilidade em estabelecer os indicadores de desempenho das metas e acompanhá-los. Abre canais para o cliente procurando obter deles as críticas, sugestões e solicitações, atendendo-as a tempo. Usa com propriedade o marketing de relacionamento. Age com exatidão e agilidade no atendimento das necessidades do cliente, de forma correta, deixando-o satisfeito. Cria canais de comunicação com o cliente. Age com foco em resultados e obtém satisfação das partes. Demonstra reconhecer o real valor do cliente para o negócio da empresa, desenvolve as tarefas com qualidade e corrige falhas. É ágil e assertivo na implantação de soluções.

Árvore das Competências

LIDERANÇA

DEFINIÇÃO:
Capacidade para catalisar os esforços grupais, de forma a atingir ou superar os objetivos organizacionais, estabelecendo um clima motivador, formando parcerias e estimulando o desenvolvimento da equipe.

HABILIDADES:
- Consegue manter a equipe comprometida com resultados e metas.
- Estimula, aceita e valoriza as opiniões e contribuições pertinentes da equipe.
- Consegue estimular as pessoas a efetivar as mudanças necessárias ao alcance de melhores resultados.
- Consegue passar vibração e energia para a equipe.
- Adota palavras de estímulo, reconhecendo resultados e desempenho.
- Acompanha e participa do andamento dos trabalhos, colocando-se disponível caso haja necessidade.
- Avalia e, se necessário, reorienta as ações, obtendo a colaboração das pessoas.
- Age com foco nas atividades e projetos das equipes na busca dos objetivos organizacionais.

CONHECIMENTOS:
- Funções e papéis da liderança de vanguarda: apoiar, acompanhar, orientar, delegar, treinar etc.
- Do próprio trabalho (competências técnicas).
- Perfil de competências esperado pela instituição.
- Metas, diretrizes, estratégias e valores da instituição.
- Princípios da inteligência emocional.

ATITUDES:
- Respeita as pessoas e demonstra possuir valores construtivos, tais como: confiança, ética, honestidade, justiça e lealdade.
- Tem facilidade para convencer o grupo a seguir suas orientações.
- Demonstra satisfação com resultados alcançados em grupo.
- Vibra e passa energia para o grupo.
- Valoriza resultados e metas.
- Incentiva o desenvolvimento das pessoas.

Parte 1 • O Que é a Gestão por Competências

Rezar em Qual Cartilha?

"Detesto quando vai chegando o domingo. Lembro
que a segunda-feira é dia de trabalho."

"O melhor dia da semana? Sexta-feira!"

"Estão chegando minhas férias. Ficarei livre do
trabalho por um mês!"

"Se eu pudesse, escolheria outro trabalho! Mas
o mercado está em baixa!"

"Aqui, quem manda é o diretor. Nós não temos vez!"

"Não adianta sugerir. Eles fazem o que acham certo!"

**— Frases soltas, ditas por profissionais em eventos
em que palestrei.**

Nos vários anos de convívio com profissionais de diversas empresas e funções, os comentários que retratam a insatisfação no trabalho têm sido uma constante. Sempre paro para pensar quais são os motivos que levam as pessoas a criar um ambiente pouco feliz, pouco motivador.

Há algum tempo, encontrei um texto muito interessante que me fez refletir sobre crenças e valores pessoais e o quanto afetam nossa forma de ver o mundo e as pessoas que nos rodeiam.

Reflexões:

Como você enxerga sua equipe? Que ideias você tem de seus colegas de trabalho?

Você os vê como iguais? Ou usa de dois pesos e duas medidas?

Existe uma cartilha na qual rezam muitos profissionais — a cartilha da infalibilidade pessoal —, que apresenta algumas lições específicas:

- Se chego atrasado, tive um contratempo. Se o outro se atrasa, é um irresponsável.

- Se cometo um ato agressivo, estou com problemas pessoais. Se o outro agride, é um descontrolado.

Árvore das Competências

- Se erro, me enganei. Se o erro é do outro, ele é incompetente.

- Se estou desmotivado, preciso de estímulo. A desmotivação do outro é preguiça.

- Se não entendi um assunto, a comunicação não foi adequada. Quando o outro não entende, é tolo.

- Se não atinjo metas, estou sobrecarregado. Metas não atingidas pelo outro indicam falta de comprometimento com resultados.

- Meu mau humor é justificável. O do outro é incompreensível.

- Se não cumprimento minha equipe com um "bom dia", é porque estou distraído. Se não recebo "bom dia" dos outros, eles não têm educação.

- Se falo uma tolice em uma reunião, sou excêntrico. Se o outro se expõe, é ridículo.

- Se demoro a dar uma resposta, sou tranquilo. O outro é lento.

- Se aproveito uma ideia de alguém e falo que é minha, estou agregando valor ao meu trabalho. O outro é espião.

- Se os preços praticados por minha empresa são altos, justificam-se pela qualidade. Os preços de meus fornecedores estão fora da realidade.

A liderança que reza nesta cartilha tende a adotar comportamentos pouco efetivos no dia a dia de trabalho. Não consegue enxergar mérito nos colaboradores, adota posturas de arrogância, apresenta inflexibilidade e, consequentemente, tem poucas chances de obter a adesão das pessoas aos seus projetos.

Enxergar o próprio mundo com lentes cor-de-rosa e o dos outros com lentes cinzas torna as relações interpessoais caóticas e o trabalho um verdadeiro martírio. Estamos na era da valorização das pessoas. Os discursos que reverenciam talentos, potenciais e competências se repetem. Uma nova cartilha está sendo delineada, e sua página principal traz um novo apelo.

Parte 1 • O Que é a Gestão por Competências

Precisamos de lideranças que...

- Acreditem em seu próprio potencial e que vejam nos colaboradores aquilo que têm de bom em si.
- Reconheçam o valor de suas equipes e fiquem satisfeitos quando brilham.
- Sejam humildes em seus atos e aprendam a aprender.
- Formem um time, tão unido e forte, que nenhum outro o vença em sua competitividade.
- Ajudem a elevar a autoestima dos que estão ao seu redor.
- Promovam desafios e incentivem os outros a descobrir seus próprios dons.
- Saibam lidar com a diversidade.
- Sejam justas, éticas e coerentes em seus discursos e ações.

Proficiência

Nível	Interpretação
1	Atua entre execução e coordenação dos trabalhos, apresentando dificuldades para aproveitar o potencial da equipe. Tem tendência a centralizar e executar tarefas, no lugar de orientar, delegar e estimular a ação do grupo. Necessita ampliar sua visão sistêmica, favorecendo, assim, a relação entre as partes e o todo.
2	Atua assumindo a liderança e aproveitando os espaços. Interessado(a), mostra-se disponível e contribui para o alcance de bons resultados. Necessita voltar-se para o potencial das pessoas, já que algumas vezes deixa de orientar, treinar e delegar responsabilidades.
3	Atua assumindo a liderança de forma positiva. Busca resultados através de parcerias, delega de acordo com o potencial das pessoas e orienta o grupo. Demonstra facilidade para energizar e obter a adesão das pessoas a atingir resultados coletivos. Poderá investir mais em seu papel, acompanhando os trabalhos nos subgrupos.
4	Atua assumindo a liderança de forma positiva. Busca resultados através de parcerias, delega e orienta o grupo. Contribui e colabora em diversas equipes. Demonstra facilidade para energizar e obter a adesão das pessoas.
5	Destaca-se pela liderança e tranquilidade. Apresenta automotivação, capacidade para energizar grupos, obter a adesão das pessoas e facilidade para estabelecer parcerias. Estilo assertivo, participativo e com total aprovação e respeito das equipes.

Árvore das Competências

ORIENTAÇÃO PARA RESULTADOS

DEFINIÇÃO:

Trabalha para exceder o padrão de desempenho estabelecido, com foco em fazer mais e melhor, comprometendo-se com melhorias e buscando a superação que resulta em alta performance e resultados sustentáveis para a empresa.

HABILIDADES:

- Segue os procedimentos e mantém a padronização dos processos.
- Atende as demandas com prontidão, assertividade e rapidez.
- Obtém resultados positivos.
- Utiliza os recursos disponíveis com eficiência.
- Excede o padrão de desempenho estabelecido.
- Mantém padrões de excelência em seu trabalho.
- Cumpre metas e estabelece desafios.
- Persegue objetivos.
- Analisa contextos, identificando indicadores favoráveis a resultados.

CONHECIMENTOS:

- Procedimentos da área.
- Modelo de gestão da empresa.
- Sobre o negócio da empresa.

ATITUDES:

- Revela interesse e disponibilidade.
- Demonstra engajamento no alcance de metas.
- Valoriza resultados.
- Assegura a qualidade na entrega que realiza.
- Enxerga-se como dono do negócio.
- Apresenta posturas que indicam seu comprometimento com resultados.
- Mantém o foco nas metas e nos resultados.
- Propõe melhoria nos processos e procedimentos.

Marcado pela forte competição, o mercado brasileiro trouxe como resultado a valorização da competência. Baseado em objetivos e metas, o novo modelo de gestão exige dos profissionais uma postura também competitiva.

Aliado às entregas qualitativas, o foco em resultados está na ordem do dia.

Parte 1 • O Que é a Gestão por Competências

Segundo Dave Ulrich e Jack Zenger (2000, p. 216), existem quatro áreas de resultados:

1. **Foco no empregado**: capacidade e comprometimento dos empregados.

2. **Foco na organização**: aprendizado, velocidade, inexistência de fronteiras e responsabilidade.

3. **Foco nos clientes ou valor patrimonial mensurável da empresa**: clientes-alvo, proposições de valor e intimidade com o cliente.

4. **Foco nos investidores/acionistas**: redução de custos, aceleração do crescimento e aumento do valor patrimonial da gerência.

O olhar das pessoas deve focar quatro áreas de resultados: liderados, organização, clientes e investidores.

Proficiência

Níveis	Interpretação
1	Ao exercer suas atividades, demonstra pouco comprometimento com os resultados. Apresenta trabalhos com qualidade abaixo do esperado. Não se percebe como parte responsável pelo sucesso do negócio, desvalorizando sua atuação. Age de forma pouco organizada, sem focar nos objetivos e metas estabelecidas. Necessita valorizar mais sua ação e planejar-se mais para aprimorar a qualidade dos resultados.
2	Ao exercer suas atividades, preocupa-se com os resultados. Apresenta trabalhos de qualidade razoável, necessitando atuar orientado para o alcance dos objetivos e metas estabelecidas. Não demonstra perceber sua devida importância como parte responsável pelo sucesso do negócio. Pode valorizar mais sua atuação, manifestando maior comprometimento com os resultados. Deve intensificar o planejamento de sua ação para aprimorar a qualidade dos trabalhos.
3	Ao exercer suas atividades, compromete-se com os resultados, apresentando trabalhos dentro dos padrões de qualidade. Age sob a orientação dos objetivos e metas estabelecidas. Procura analisar contextos para identificar indicadores favoráveis aos resultados. Valoriza sua atuação, mostrando-se como responsável pela obtenção de resultados. Persegue os objetivos, mas pode intensificar o foco no cumprimento das metas.
4	Ao exercer suas atividades, compromete-se com os resultados e se vê como dono do negócio. Entrega trabalhos dentro dos padrões de excelência e qualidade exigidos. Age sob orientação de metas e objetivos, valorizando e perseguindo resultados positivos. Adota ações de forma organizada, analisando contextos e identificando indicadores favoráveis aos resultados.

Árvore das Competências

5	Ao exercer suas atividades, destaca-se pelo comprometimento com os resultados. Apresenta visão de dono do negócio. Transmite comprometimento e entrega trabalhos que superam os padrões de qualidade. Analisa contextos, identifica e explora os indicadores favoráveis aos resultados. Atua com foco nos objetivos e metas dos planos estabelecidos. Persegue os objetivos e supera as metas. Valoriza os resultados positivos que obtém para a empresa.

PLANEJAMENTO E ORGANIZAÇÃO

DEFINIÇÃO:

Capacidade para planejar e organizar as ações para o trabalho, atingindo resultados através do estabelecimento de prioridades, metas tangíveis, mensuráveis e dentro de critérios de desempenho válidos.

HABILIDADES:

- Analisa contextos de forma objetiva, lógica e correta.
- Estabelece objetivos e monta estratégias para colocar os planos em ação.
- Define metas com propriedade, mensuráveis, atingíveis e que contenham desafios.
- Usa instrumentos de acompanhamento (monitoramento de resultados através de gráficos, ferramentas, controles visuais etc.).
- Define padrões de desempenho com lógica.
- Realinha metas quando as mesmas vão em direção contrária aos objetivos.
- Tem facilidade para ler contextos.
- Atua voltado para resultados.
- Obtém resultados dentro dos prazos estabelecidos.
- Delega tarefas quando necessário.
- Prioriza as atividades, alertando o grupo para as interfaces das metas.
- Avalia o que é urgente e importante.
- Administra o tempo.

CONHECIMENTOS:

- Básicos sobre planejamento tático e operacional.
- Outros: técnicas de reunião, uso da agenda (de papel ou eletrônica), computador.

ATITUDES:
- Valoriza o planejamento.
- Costuma alertar as pessoas sobre a importância do planejamento.
- Demonstra gosto pela organização do local onde trabalha.
- Busca informações sobre recursos disponíveis.
- Valoriza planos e estratégias.
- Prioriza o planejamento antes da ação.
- Divulga para o grupo e colegas a importância dos planos.
- Busca separar o que é importante do que é urgente.
- Demonstra assumir compromissos com as metas traçadas.

Para ilustrar a competência planejamento e organização, brindo os leitores com um inventário reflexivo sobre procrastinação e os principais ladrões de nosso tempo que interferem, diretamente, em nosso planejamento.

Procrastinação. Que Bicho É Esse?

Procrastinação: deixar para amanhã o que pode ser feito hoje.

Que motivos levam as pessoas a adiar ações e decisões em seu cotidiano?

No ambiente empresarial, é comum a presença de situações onde o acúmulo de tarefas leva à procrastinação (**hábito de deixar para amanhã o que pode ser feito hoje**). Metas importantes e decisivas, ligadas ao negócio da empresa, são relegadas para segundo plano.

A justificativa para tal fato quase sempre é a "falta de tempo". Para alguns, o dia deveria ter 26 ou 30 horas!

É angustiante e desgastante para qualquer ser humano chegar ao final da tarde e perceber que quase nada de produtivo foi realizado. Perguntas tais como: "O que fiz hoje?", ou, "O que deixei para amanhã?", sempre incomodam aos que têm como responsabilidade **gerar resultados**.

Como transformar a procrastinação em ação?

Antes de tudo, é necessária uma boa dose de humildade para reconhecer que precisamos aprender e mudar. E, ainda, a conscientização de que podemos e somos capazes de rever hábitos e atitudes.

A ação de planejamento inicia com a predisposição e o esforço diário na organização e priorização de tarefas a realizar.

Uma pessoa determinada a mudar hábitos leva, pelo menos, seis meses para adquirir um novo comportamento. Pesquisas indicam que um bom porcentual dos que tentam mudar acabam voltando à forma anterior de conduta.

Acredito que nada é impossível quando há vontade. Meu desafio vai para aquelas pessoas que, como eu, desejam parar de reagir e passar a agir frente às situações que exigem planejamento pessoal.

Inventário Pessoal

Fonte: Autor desconhecido, com inserções e melhorias de Maria Rita Gramigna

Etapa 1

A lista abaixo contém 40 atividades que fazem parte da rotina empresarial. Dentre elas, marque as 15 que tomam mais seu tempo.

1. Atendimento a telefonemas.
2. Emissão de telefonemas.
3. Atendimento a profissionais de sua empresa.
4. Atendimento a clientes externos.
5. Digitação de correspondências internas.
6. Uso do e-mail.
7. Emissão de fax.
8. Pesquisas na internet.
9. Digitação de propostas de negócio para clientes externos.
10. Elaboração de projetos.
11. Despacho de correspondências.
12. Planejamento e balanços financeiros.
13. Pesquisa de preços de fornecedores.

Parte 1 • O Que é a Gestão por Competências

14. Envio de propostas para clientes.

15. Organização de seu armário.

16. Organização de sua mesa de trabalho.

17. Organização de seu arquivo.

18. Leituras técnicas.

19. Leitura de revistas e jornais periódicos.

20. Criação de novos produtos.

21. Criação de novos instrumentos de controle internos.

22. Criação de novos serviços.

23. Participação em treinamentos externos.

24. Participação em treinamentos internos.

25. Participação em palestras.

26. Controle diário da agenda (pela manhã).

27. Controle diário da agenda (final da tarde).

28. Visitas a outros setores da empresa.

29. Negociação com sindicatos.

30. Negociação com sua equipe de trabalho.

31. Parada para o cafezinho.

32. Orientação de trabalho aos colegas.

33. Almoço com clientes.

34. Viagens pela empresa.

35. Atendimento a jornalistas (mídia em geral).

36. Permanência em fila de bancos ou caixa eletrônico.

37. Consulta de saldo pelo telefone ou computador.

38. Permanência em consultórios médicos ou dentários durante o horário comercial.

39. Permanência em oficinas mecânicas no horário comercial.

40. Reunião de pais e mestres na escola frequentada pelos filhos (horário comercial).

Etapas 2 e 3

Na **primeira linha**, priorize sua marcação, indicando os números de cada item na tabela abaixo, de acordo com o tempo destinado a cada atividade.

Na **segunda linha**, analise cada item priorizado, de acordo com as categorias:

- **Urgentes**: são aquelas atividades/tarefas que devem ser resolvidas logo pela manhã ou no início da tarde, permitindo mais tempo de dedicação às importantes (coloque a letra U).

- **Importantes**: são aquelas ligadas às metas e ao negócio. Estas devem merecer atenção especial, pois delas depende a sobrevivência de sua empresa no mercado (coloque a letra I).

Mais tempo												Menos tempo
Prioridades												
Importantes ou urgentes												

Análise final:

- Verifique como você se posicionou nas atividades.

- Em quais conjuntos de tarefas está centrado: **nas urgentes ou nas importantes?**

Há uma tendência de apego àquilo que mais gostamos de fazer, deixando para depois o que nos desagrada. Se está incorrendo nesta atitude, ela poderá ser modificada se você começar a usar um instrumento especial: **a agenda.**

O hábito de usar controles pessoais (agenda ou outra forma específica) é indispensável. Costumo me referir a ela como "minha vida registrada em papel" (ou eletronicamente, conforme a disponibilidade de cada um).

Parte 1 • O Que é a Gestão por Competências

A manhã é o horário crucial para a organização do dia, onde estabelecemos as prioridades de acordo com a urgência e a importância. Ao final da tarde, é necessário verificar o que foi cumprido e registrar o que ficou para o dia posterior.

O simples ato de visualizar um trabalho realizado já traz satisfação e estimula a automotivação para a superação de metas pessoais. No caso de você perceber que está acumulando muitas atividades, poderá lançar mão de outra estratégia: a delegação.

O grande desafio, o desafio maior que se apresenta a todos nós, profissionais na era da qualidade, diz respeito a mudanças atitudinais. Ninguém questiona a importância do planejamento e organização do trabalho. É necessário, sim: **sair do papel e partir para a prática — agir no lugar de reagir.**

Proficiência

Nível	Interpretação
1	Frente aos objetivos a serem cumpridos, não estabelece planos; entretanto, procura agir com organização. Algumas vezes, busca informações sobre recursos disponíveis. Não define prioridades e apresenta dificuldade em separar o urgente e o importante. Necessita valorizar mais o planejamento, melhorar a organização e intensificar suas estratégias para otimizar o cumprimento de metas, o atendimento aos prazos e o resultado final do trabalho.
2	Frente aos objetivos a serem cumpridos, tenta organizar e planejar suas ações. Apresenta dificuldades para definir metas para a execução dos trabalhos, gerando resultados desfavoráveis. Busca informações sobre os recursos disponíveis. Define algumas prioridades, procurando separar o urgente do importante. Pode valorizar e deter-se mais na organização e no planejamento e intensificar suas estratégias para definir e otimizar o cumprimento de metas, o atendimento aos prazos e o resultado final do trabalho.
3	Frente aos objetivos a serem cumpridos, planeja suas ações traçando metas de atuação. Entretanto, ao organizar as atividades, perde a sequência lógica, dificultando a boa conclusão dos trabalhos. Cria estratégias focadas em metas e consegue cumpri-las dentro do prazo, embora gaste muita energia por não estabelecer prioridades com assertividade. Atua com foco em resultados e consegue realinhar as metas quando as mesmas vão em direção contrária aos objetivos. Necessita envolver a equipe e obter seu comprometimento nos planos definidos. Utiliza instrumentos de acompanhamento do andamento dos trabalhos.

Árvore das Competências

4	Frente aos objetivos a serem cumpridos, planeja suas ações traçando metas de atuação. Organiza as atividades e age em uma sequência lógica, facilitando a boa conclusão dos trabalhos. Estabelece prioridades com foco na distinção entre o urgente e o importante. Cria estratégias focadas em metas mensuráveis e atingíveis, cumprindo-as dentro do prazo. Valoriza o planejamento e o prioriza antes da ação. Alerta as pessoas para a importância do planejamento. Atua voltado(a) para resultados. Realinha metas quando as mesmas vão em direção contrária aos objetivos. Consegue obter o comprometimento da equipe nos planos definidos. Utiliza instrumentos de acompanhamento do andamento dos trabalhos.
5	Destaca-se pela capacidade de organizar e planejar ações. Atua com foco no que é importante, eliminando a urgência. Cria estratégias focadas em metas mensuráveis e atingíveis, assumindo compromisso com as mesmas e cumprindo os prazos. Valoriza e prioriza o planejamento antes da ação. Atua voltado(a) para resultados. Tem facilidade para realinhar metas quando as mesmas vão em direção contrária aos objetivos. Consegue obter a aprovação e o comprometimento da equipe nos planos definidos. Administra o tempo e delega tarefas quando necessário. Utiliza instrumentos para acompanhamento e verificação do andamento dos trabalhos.

RELACIONAMENTO INTERPESSOAL

DEFINIÇÃO:

Habilidade para interagir com as pessoas de forma empática, inclusive diante de situações conflitantes, demonstrando atitudes assertivas, comportamentos maduros e não combativos.

HABILIDADES:

* Argumenta com propriedade e respeito aos outros.
* Consegue a atenção e a colaboração das pessoas de sua equipe.
* É agradável nos contatos e angaria a simpatia do grupo.
* Interage com as pessoas de maneira espontânea, obtendo a adesão às suas ideias.
* Ao lançar críticas, usa palavras respeitosas e tom amigável.
* Estabelece clima de confiança.
* Consegue a atenção e a colaboração das pessoas de sua equipe.

CONHECIMENTOS:

* Conhecimento da dinâmica e funcionamento dos grupos.
* Princípios da inteligência emocional.

ATITUDES:
- Mantém bom relacionamento com usuários e fornecedores.
- Demonstra comportamentos não combativos.
- É bem-humorado.
- Busca aproximação e contatos com as pessoas.
- É receptivo(a) à aproximação das pessoas.
- Mostra-se disponível para ajudar e cooperar nos grupos.
- Reage de forma educada às provocações.
- Quando se dirige às pessoas age com flexibilidade e obtém atenção.

As Emoções no Ambiente de Trabalho

Amor e ódio. Alegria e tristeza. Medo e coragem. Emoções e sentimentos que se misturam no dia a dia empresarial. Verdadeiro caldeirão de iguarias, que se bem entendidas e administradas enriquecem os relacionamentos. Falaremos de gerenciamento de pessoas e das emoções, tema que está na ordem do dia!

O ser humano está em fase de transformação. Do paradigma cartesiano, aos poucos vamos nos pós-modernizando e fazendo o trajeto pendular entre a razão e a emoção. "Corações e mentes" travam a luta entre a *razão e a emoção.*

Cada vez mais é exigida a presença da competência emocional, principalmente daquele que está em posição de liderança. Somos chamados a repensar atitudes e comportamentos, com vistas à melhoria da qualidade nos relacionamentos.

Neste texto, apresento a fisiologia das emoções e a sua influência no comportamento e nos resultados organizacionais.

As cinco emoções básicas

O ser humano, em sua existência, passa por cinco emoções básicas: **medo, alegria, raiva, tristeza** e **amor**.

Presentes nos ambientes de trabalho, cada uma delas tem sua fisiologia e as consequências para os resultados organizacionais:

Árvore das Competências

1. MEDO

Sua presença promove a alteração dos batimentos cardíacos, aceleração da respiração, dilatação das pupilas e redução do fluxo de sangue nos órgãos periféricos, preparando o corpo para a fuga.

Pessoas com medo tendem a fugir de compromisso, evitam desafios e apresentam baixos resultados. Ele está relacionado com ameaças à sobrevivência. Simbolicamente, podemos citar algumas situações que causam tal emoção:

- Demissões que trazem como consequência a ameaça constante para aqueles que ficam.
- Estilos gerenciais autoritários.
- Mudanças bruscas no modelo de gestão, sem a devida sensibilização e o preparo dos colaboradores.

2. ALEGRIA

Quem está alegre apresenta tônus vital elevado, energia, olhos brilhantes, movimento, riso fácil e disponibilidade para agir.

Ao encontrar pessoas felizes, percebemos no ar algo diferente: **o clima da paixão pelo que se está produzindo**. Logicamente, um time alegre, onde a camaradagem se faz presente, tem maiores chances de gerar resultados e contagiar o ambiente com sua ação.

O que faz as pessoas felizes:

- Reconhecimento.
- Atitudes éticas e coerentes.
- Possibilidades de desenvolvimento e crescimento profissional.
- Desafios.
- Modelos de gestão abertos e participativos.
- Gerentes e líderes que dão o exemplo.

3. RAIVA

Quando presente, a raiva gera tensão nos músculos, pupilas diminuídas, maior circulação de sangue nos órgãos periféricos, preparando o corpo para a defesa e o ataque.

Pessoas com raiva tendem a manifestar comportamentos agressivos e de revide. Um ambiente onde a raiva está presente é pouco produtivo. A reboque, vem a desconfiança, o ciúme, a inveja e outros sentimentos que interferem sobremaneira no trabalho colaborativo de equipe. Precisamos de times combativos e competitivos, porém unidos pela solidariedade.

Os principais fatores que geram a raiva são:

o   Injustiças.

o   Posturas gerenciais agressivas e de desqualificação às pessoas.

4. TRISTEZA

A postura de quem está triste é fechada e voltada para o próprio umbigo. O abatimento, os ombros caídos, a ausência de vitalidade e a ausência do brilho no olhar indicam tal emoção. Geralmente acontece quando alguém sente uma ou diversas perdas.

Como pode alguém que está preocupado consigo gerar resultados?

A tristeza induz à apatia, à falta de energia e à paralisação da ação. Ambiente muito introspectivos, geralmente, carregam essa emoção.

As causas podem ser variadas:

o   Perda de status.

o   Redução do espaço de poder.

o   Perdas pessoais.

5. AMOR

Alegria e amor caminham lado a lado. As duas emoções energizam o ser humano. Porém, o amor acalma, faz com que nosso organismo se harmonize, promovendo o bem-estar físico.

Onde o amor se faz presente percebe-se um "quê" de sagrado. As pessoas se respeitam, se ajudam, preocupam-se com o semelhante, abrem seus corações e suas mentes para um saber compartilhado.

A retenção de talentos é facilitada, a gestão do conhecimento corre de forma natural e, consequentemente, os resultados se maximizam.

O que leva um time a amar o que faz:

- Lealdade.
- Respeito.
- Trabalho significativo.
- Sistema de gestão aberto e participativo.
- Gerentes e líderes que amam o que fazem e são matrizes de identidade.

Compreender as emoções básicas, desenvolver a inteligência emocional e cuidar do clima de trabalho interferem diretamente nas relações interpessoais.

Proficiência

Níveis	Interpretação
1	Evita contato com as pessoas, isolando-se do grupo. Não busca aproximação e é pouco receptivo(a) aos contatos. Não se disponibiliza para ajudar e cooperar. Necessita trabalhar sua autoestima para conseguir maior interação com as pessoas.
2	Mantém contatos isolados com algumas pessoas, não se aproxima dos outros e apresenta dificuldades na receptividade aos contatos. Não se coloca disponível para ajudar e cooperar. Necessita ampliar a capacidade de interagir com o outro.
3	Relaciona-se de forma discreta, embora receptivo(a) aos contatos. Quando participa dos grupos, ouve com atenção e mostra-se disponível para ajudar e cooperar. Argumenta com propriedade e respeito aos outros. Em situações conflitivas, expõe pouco seus pontos de vista. Pode tornar-se mais expansivo, interagindo de forma mais espontânea e adota comportamentos mais maduros diante de situações conflitivas.

Parte 1 • O Que é a Gestão por Competências

4	Relaciona-se de forma assertiva e espontânea. Sabe ouvir, argumentar e qualificar o outro. Demonstra possuir empatia. Apresenta gestos e postura de abertura aos contatos. Interage com diversos grupos. Mostra-se disponível para ajudar e cooperar. Em situações conflitantes, adota comportamentos maduros, promovendo o bom relacionamento nos grupos. Demonstra bom humor, receptividade às pessoas e facilidade nos contatos.
5	Destaca-se pela forma assertiva e espontânea como se relaciona. Possui atitude profissional e cortês. Busca aproximação com as pessoas. Sabe ouvir, argumentar e qualificar o outro com empatia. Reconhece e valoriza a atuação das pessoas. Apresenta tom de voz e ritmo que indicam tranquilidade. Contorna situações conflitivas com propriedade e flexibilidade, posicionando-se como mediador na busca pelo consenso. Nas discussões, adota uma postura de escuta e interesse no que os outros falam. Quando se dirige às pessoas obtém atenção. Interage com diversos grupos e cria um clima de descontração e espontaneidade. Mostra-se disponível para ajudar e cooperar. Obtém a simpatia do grupo. Age com espontaneidade, bom humor, receptividade às pessoas e apresenta facilidade para estabelecer contatos. Contribui sobremaneira na promoção do bom relacionamento nos grupos.

TRABALHO EM EQUIPE

DEFINIÇÃO:

Capacidade para desenvolver ações compartilhadas, catalisando esforços através da cooperação mútua.

HABILIDADES:

• Interage com os membros do grupo, de forma espontânea.

• Obtém a colaboração, participação e o comprometimento do grupo na busca de resultados.

• Participa ativamente dos trabalhos, deixando espaço para a participação dos demais.

• Avalia sua participação e também a do restante do grupo, considerando os resultados esperados.

• Consegue ouvir e se fazer entender.

• Mantém a comunicação com clareza e objetividade.

• Descontrai o ambiente e preserva o humor mesmo diante de dificuldades.

• Integra novos membros na equipe.

CONHECIMENTOS:
- Dinâmica e estrutura de funcionamento dos grupos.
- Princípios da inteligência emocional.
- Técnicas de comunicação.

ATITUDES:
- Demonstra disponibilidade para ajudar os outros.
- Respeita os pontos de vista das pessoas.
- Sabe expor seus pontos de vista sem desvalorizar os dos outros.
- Respeita as diferenças individuais.
- Coloca-se no lugar do outro e compreende eventuais dificuldades (empatia).
- Busca colaboração/comprometimento do grupo em prol de objetivos comuns.
- Busca ouvir e se fazer entender.
- Valoriza a comunicação demonstrando clareza e objetividade.
- Tem interesse pela coesão do grupo.
- É aberto às opiniões.
- Acredita no comprometimento/colaboração para o andamento dos trabalhos.
- Sabe ouvir.
- Tem transparência de atitudes/ética.

O que difere uma equipe de um grupo de pessoas é que na equipe os componentes interagem uns com os outros de tal forma que o comportamento de um influencia o comportamento dos outros. São interdependentes e se influenciam por meio de linguagens, símbolos, gestos e postura. Possuem metas e objetivos comuns.

As vantagens de se trabalhar em equipe:

- Melhor tratamento das informações — as equipes favorecem a franqueza, a confiança e o respeito, reduzindo, assim, interpretações subjetivas.

- Possibilita o debate de pontos de vistas diferentes, muitas vezes complementares ou opostos.

- Reduz a ansiedade nas situações de incerteza, favorecendo o apoio mútuo.

Parte 1 • O Que é a Gestão por Competências

- Maior geração de ideias.

- Interpretação menos rígida dos fatos e situações.

- Maior probabilidade de evitar erros de julgamento.

- Simplificação da supervisão.

- Simplificação das comunicações interpessoais.

- Fidelidade às decisões tomadas.

- Maior aceitação das diferenças individuais.

- Melhor aproveitamento das potencialidades individuais.

- Maior chance de sucesso para ações complexas.

Proficiência

Níveis	Interpretação
1	Não se dispõe a ajudar os outros. Desrespeita os pontos de vista das pessoas e não consegue enxergar as diferenças individuais. Demonstra dificuldades para expor seus pontos de vista sem desvalorizar os dos outros. É fechado às opiniões contrárias às suas, não favorecendo um ambiente de confiança e cooperação entre as áreas. Participa pouco dos trabalhos e não dá espaço para a participação dos demais. Não consegue avaliar sua participação nem a do restante do grupo, considerando os resultados esperados. Não se preocupa em integrar novos membros da equipe, nem gerenciar conflitos que minimizem impactos negativos nas relações entre as pessoas.
2	Age na equipe de forma discreta, embora receptivo(a) aos contatos. Mostra-se disponível para ajudar e cooperar, quando procurado(a). Argumenta com propriedade e respeito aos outros. Em situações conflitantes, posiciona-se de forma agressiva. Pode interagir de forma mais natural sendo mais receptivo(a) à aproximação. Necessita melhorar seu contato inicial para facilitar sua inclusão no grupo. Pode aumentar as trocas com a equipe e contribuir para um clima de colaboração. Nas discussões pode melhorar a postura de escuta e interesse no que os outros falam e participar mais efetivamente para a resolução dos conflitos.
3	Apresenta disponibilidade para ajudar os outros, quando solicitado. Respeita os pontos de vista das pessoas e as diferenças individuais. Expõe suas perspectivas sem desvalorizar as dos outros. Obtém, algumas vezes, a colaboração/comprometimento do grupo em prol dos objetivos comuns. É aberto às opiniões de terceiros, favorecendo um ambiente de confiança entre as áreas. Participa dos trabalhos e, quando solicitado, dá espaço para a participação dos demais. Avalia sua participação e também a do restante do grupo, considerando os resultados esperados. Integra novos membros da equipe. Percebe os conflitos e atua de forma a minimizá-los.

Árvore das Competências

4
Demonstra disponibilidade para ajudar os outros. Respeita os pontos de vista das pessoas e as diferenças individuais. Sabe expor seus pontos de vista sem desvalorizar os dos outros. Busca colaboração/comprometimento do grupo em prol dos objetivos comuns. É aberto às opiniões de terceiros, favorecendo um ambiente de confiança entre as áreas. Participa dos trabalhos e dá espaço para a participação dos demais. Avalia sua participação e também a do restante do grupo, considerando os resultados esperados. Integra novos membros da equipe e gerencia conflitos para minimizar os impactos negativos nas relações entre as pessoas.

5
Destaca-se por demonstrar disponibilidade para ajudar os outros. Respeita os pontos de vista das pessoas e as diferenças individuais. Expõe suas perspectivas com excelência, valorizando e respeitando as opiniões dos outros. Apresenta facilidade em obter colaboração/comprometimento do grupo em prol dos objetivos comuns. É aberto às opiniões de terceiros, favorecendo um ambiente de confiança entre as áreas. Participa ativamente dos trabalhos e dá espaço para a participação dos demais. Avalia sua participação e também a do restante do grupo, considerando os resultados esperados. Integra novos membros da equipe e gerencia conflitos para minimizar os impactos negativos nas relações entre as pessoas.

VISÃO SISTÊMICA

DEFINIÇÃO:

Capacidade para perceber a interação e a interdependência das partes que compõem o todo, visualizando tendências e possíveis ações capazes de influenciar o futuro.

HABILIDADES:

- Percebe a inter-relação das partes.
- Percebe e analisa as situações, gerando informações estratégicas, antes de tomar decisões.
- Percebe os atos anteriores que geram os resultados presentes.
- Consegue programar resultados futuros, agindo para alcançá-los.
- Estabelece interfaces de negócios entre a sua área e os objetivos da instituição.
- Instiga as pessoas para novas reflexões sobre oportunidades existentes.
- Acompanha mudanças e tendências de mercado.
- Analisa ações que agregam valor ao negócio.
- Analisa e seleciona informações, estabelecendo conexões necessárias ao desenvolvimento do trabalho.
- Percebe sua posição na cadeia dos processos internos e as consequências das ações tomadas.

Parte 1 • O Que é a Gestão por Competências

CONHECIMENTOS:
• Informações do mercado.
• Cultura e política da empresa.
• Princípios do pensamento sistêmico.
• Planejamento estratégico e diretrizes da empresa.

ATITUDES:
• Tendência a modificar comportamentos em função da análise de contextos.
• Tem interesse e curiosidade em conhecer a fundo a instituição onde trabalha.
• Orienta pessoas, antecipadamente, sobre os riscos e oportunidades, no contexto global.
• Valoriza os resultados macros.
• Valoriza o todo e a interdependência das áreas.
• Busca informações.
• Orienta-se pela visão de longo prazo.

Para entender a visão sistêmica, é necessário conhecer a definição de sistema.

Cleber Nascimento afirma que o sistema é um conjunto de partes em constante interação, que constrói um todo sinérgico orientado para determinado propósito, em permanente relação de interdependência com o ambiente externo. A interdependência é entendida como a capacidade do ser humano de influenciar o meio externo e ser por ele influenciado.

Nas empresas, a visão sistêmica ajuda a compreender a interdependência e lidar com os diversos contextos que se apresentam no ambiente interno, nos microambientes e no macroambiente externo. A tendência de ver as coisas em linha reta reduz nossa capacidade de analisar o entorno que influencia estes três segmentos.

É necessário identificar as mais variadas causas e os mais variados efeitos em uma mesma situação apresentada.

Profissionais que dominam esta competência têm facilidade para compreender o todo, a partir da análise global das partes e da interação entre elas.

Árvore das Competências

A visão sistêmica é sustentada pela premissa de que o todo, resultante da reunião das partes, é muito maior do que simplesmente a soma das mesmas.

Ao perceber o ambiente organizacional através da visão sistêmica, é possível:

- Obter o comprometimento e o envolvimento dos gestores no estabelecimento das interfaces existentes entre as diversas áreas da empresa.

- Solucionar problemas complexos a partir da avaliação de detalhes e sua interferência no todo.

- Diferenciar sintomas das causas dos problemas, facilitando a identificação das últimas.

- Agir privilegiando a eficiência e a eficácia dos processos.

A ação integrada que leva em consideração as diversas interfaces setoriais tem como resultado o cumprimento das atividades dentro dos prazos e o andamento dos processos de forma harmoniosa.

Este resultado é garantido quando os profissionais envolvidos no contexto compreendem seu entorno como parte de um todo maior, superando a visão departamentalizada.

É essencial o desenvolvimento da competência visão sistêmica de forma a estimular o pensamento estratégico e, consequentemente, a capacidade de fazer conexões.

Proficiência

Níveis	Interpretação
1	Pessoa com dificuldades para organizar seu pensamento, com tendência a focar sua atenção nos detalhes das tarefas. Algumas vezes, quando estimulado(a), demonstra interesse em conhecer o contexto global e as interfaces de traba lho. Apresenta dificuldades na análise de fatos e dados que auxiliam a tomada de decisão. Necessita ampliar sua percepção e demonstrar um conhecimento maior do contexto, favorecendo suas contribuições para o grupo.

Parte 1 • O Que é a Gestão por Competências

2	Pessoa que organiza seu pensamento de forma adequada, embora algumas vezes foque sua atenção nos detalhes das tarefas. Demonstra interesse em conhecer o contexto global e as interfaces de trabalho. Apresenta dificuldades na análise de fatos e dados que auxiliam a tomada de decisão. Necessita ampliar sua percepção e demonstrar conhecimento maior do contexto, favorecendo suas contribuições no grupo.
3	Pessoa que organiza seu pensamento de forma adequada, coerente e estruturada, favorecendo a visão sistêmica. Em alguns momentos, demonstra dificuldades para identificar a relação entre as partes e o todo, embora seja assertivo(a) em suas contribuições. Apresenta facilidade para aceitar situações ambíguas: liderar e ser liderado, ajudar e receber ajuda, falar e ouvir, aprender e ensinar.
4	Pessoa que organiza seu pensamento de forma adequada, coerente e estruturada, favorecendo a visão sistêmica. Consegue identificar a relação entre as partes e o todo, sendo assertivo(a) em suas contribuições para a organização. Apresenta facilidade para aceitar situações ambíguas: liderar e ser liderado, ajudar e receber ajuda, falar e ouvir, aprender e ensinar.
5	Pessoa que possui visão sistêmica e organização de pensamento. Destaca-se pela percepção e facilidade para identificar a relação das partes com o todo. Sobressai-se pela forma coerente, estruturada e organizada de interpretar o contexto frente às situações apresentadas, e faz conclusões objetivas. Aceita de forma espontânea as situações ambíguas: liderar e ser liderado, ajudar e receber ajuda, falar e ouvir, ensinar e aprender. Aponta fatos e dados que agregam valor ao negócio. Possui percepção bem desenvolvida do contexto organizacional, o que garante a assertividade de suas contribuições e possibilidades de bons resultados.

• • •

Capítulo 4

Atitudes, Conhecimentos e Habilidades

A seguir, apresento algumas ferramentas para uso em processos de seleção por competências e avaliação de potencial. Estes instrumentos combinados permitem identificar o potencial das pessoas, nas diversas competências do perfil traçado.

Como já foi registrado, cada competência descrita neste livro teve como referência a metáfora da árvore, na composição das atitudes, conhecimentos e habilidades.

- **Copa:** representando as habilidades adquiridas e disponibilizadas (entrega).
- **Tronco:** representando os diversos conhecimentos, experiências e informações acumulados ao longo da carreira.
- **Raiz:** representando o conjunto de atitudes e comportamentos que a pessoa mobiliza quando necessita colocar em prática a competência.

Para desenhar as árvores, foi necessário compreender cada um dos componentes de uma competência, a saber:

As Atitudes

Um dos indicadores de impacto e que dão distinção aos profissionais de vanguarda é o conjunto de atitudes agregadas à sua ação cotidiana.

Quanto mais adequadas ao contexto, maior o seu nível de influência no ambiente de trabalho.

As atitudes determinam o nível de confiança entre as pessoas, o clima de trabalho, o grau de comprometimento com objetivos e metas organizacionais e, consequentemente, os resultados maximizados.

Assim como na árvore, as atitudes são o fruto da história de cada pessoa: se for bem cuidada e cultivada em sua trajetória de vida, terá raízes fortes que sustentarão o tronco, favorecerão a formação de copas produtivas e a coleta de bons frutos. Caso contrário, a árvore precisará de âncoras e auxílio para sua sustentação e permanência.

Hoje, mais do que nunca, as empresas vêm reforçando a ideia de mudanças comportamentais em seu staff.

Um exemplo

Tomando como referência a competência **trabalho em equipe,** vejamos algumas **atitudes**, reflexos de nossos valores e crenças, que fazem a diferença:

- Sensibilidade interpessoal (qualidade nos contatos com pares, clientes e fornecedores internos e externos).
- Energia e iniciativa para resolver problemas.
- Disponibilidade para ouvir.
- Disponibilidade para receber feedback (de pares, liderados e líderes).
- Interesse e curiosidade.
- Tenacidade e persistência.
- Flexibilidade, adaptabilidade: demonstração de atitude aberta e receptiva às inovações.
- Postura positiva que demonstra dinamismo.
- Integridade e bom senso no trato com as pessoas.
- Partilhamento do sucesso com a equipe de trabalho, com reconhecimento público das contribuições.

- Senso de honestidade e ética.
- Compromisso com resultados.
- Senso de orientação para metas.
- Automotivação e autocontrole.
- Busca permanente de desenvolvimento.

O Conhecimento

Cada posto de trabalho exige conhecimentos específicos e conhecimentos essenciais das equipes.

Os processos de decisão, planejamento e organização, comunicação, controle de resultados, negociação e administração de conflitos, dentre outros, são afetados pelo nível de conhecimentos essenciais — aqueles que fazem parte do rol que todo profissional deve saber para ocupar seu posto.

O domínio de procedimentos, conceitos, fatos e informações relevantes interfere diretamente na qualidade desses processos.

O conhecimento é um indicador de competências que ajuda a lidar com o paradoxo da fortaleza e da flexibilidade. Quanto mais conhecimento colocamos em nossa bagagem, mais nos tornamos fortes e nos permitimos ser flexíveis para enfrentar as mudanças e rupturas que surgem em microintervalos.

Quem de nós imaginou, há quinze anos, que um profissional precisaria dominar mais uma ou duas línguas para sobreviver em seu posto ou saber lidar com novas tecnologias da informação? São as exigências dos novos tempos!

McCauley, em 1989, já havia elencado o **"aprender depressa"** como uma das dezesseis competências referenciais de liderança.

O tempo não para... Agir como um sensor, se manter antenado, procurar ver além das fronteiras e muros, perceber em seu contexto as novas demandas do mercado e buscar as fontes de pesquisa são comportamentos que tornam a caminhada profissional mais divertida e rica.

As Habilidades

Usar o conhecimento de forma adequada é o que chamamos de "habilidade". Algumas pessoas acumulam um baú de informações teóricas e têm dificuldade de abri-lo para uso. Com o tempo, o baú é esquecido e ninguém se beneficiou de seu conteúdo.

As habilidades precisam ser demonstradas na prática. O profissional, além de ser bom, precisa demonstrar suas competências através de ações.

De nada adianta colecionar cursos, leituras e informações em geral se estas não são úteis nem trazem algum benefício para a coletividade na qual o profissional está inserido.

CONSIDERAÇÕES SOBRE INVENTÁRIOS

Os inventários, desenhados a partir da descrição de cada competência, permitem ao avaliador sondar a autopercepção dos avaliados sobre cada competência do perfil, posicionando-os nos níveis de proficiência.

É imprescindível que o aplicador oriente os avaliados a fornecer as informações reais. Para estimular tal atitude, é recomendado avisar que outras ferramentas serão usadas para checar os resultados dos inventários.

Observação: o tempo de aplicação é relativamente pequeno (em torno de 10 a 15 minutos para cada inventário), sendo que em um processo de avaliação, cujo perfil abrange seis ou sete competências, o aplicador poderá dedicar entre uma hora e meia e duas horas para esta etapa. A aplicação pode ser coletiva.

Os inventários permitem ao avaliador obter a visão do avaliado sobre suas performances, estilos, jeito de agir ou outro indicador abordado pelos mesmos. Funcionam como uma ferramenta de autoavaliação.

• • •

Parte 2 • Ferramentas para as Métricas: **Inventários & Simulados**

Capítulo 5

Inventário: Árvores das Competências

Fonte: Maria Rita Gramigna

Os inventários a seguir são ferramentas de apoio e têm como objetivo possibilitar que o profissional avaliado direcione seu foco para as suas reais demandas de competências.

Cada competência está representada por um personagem. Ao todo, apresentaremos dez inventários usando como recurso de apoio a metáfora da árvore, onde cada competência é representada por um personagem:

1. Capacidade de adaptação e flexibilidade: personagem camaleão
2. Comunicação e interação: personagem articulador
3. Criatividade: personagem artista
4. Cultura da qualidade (foco no cliente): personagem mago
5. Liderança: personagem guerreiro
6. Orientação para resultados — personagem águia
7. Planejamento — personagem crítico
8. Relacionamento interpessoal: personagem integrador
9. Trabalho em equipe: personagem coerente
10. Visão sistêmica: personagem viajante

Parte 2 • Ferramentas para as Métricas: Inventários & Simulados

ÁRVORE DA CAPACIDADE DE ADAPTAÇÃO E FLEXIBILIDADE

Nome:
Cargo/função: Data:
Área:

    Este inventário tem como finalidade identificar a sua árvore pessoal na competência **capacidade de adaptação e flexibilidade**. Para que o resultado retrate de forma adequada o seu perfil, marque somente as ações que "realmente" coloca em prática. Evite ser influenciado(a) pelo que "acha certo".

Marcar com um × somente as afirmativas que correspondam às suas características ou formas de agir no trabalho.

Inventário: Árvore das Competências

1.	Normalmente eu me posiciono nos grupos de acordo com princípios e valores construtivos.	( )	A
2.	Minhas atitudes no cotidiano são de respeito ao outro.	( )	A
3.	Tenho facilidade de adaptação a situações, mesmo aquelas adversas.	( )	A
4.	Valorizo inovações.	( )	A
5.	Mudo de ponto de vista quando percebo que o ganho maior será para o grupo (equipe).	( )	A
6.	Sei ouvir e levo em consideração a opinião dos outros em uma discussão, mesmo que contrária à minha.	( )	H
7.	Conheço algumas premissas do pensamento sistêmico.	( )	C
8.	Sou ligado(a) em fatos da atualidade.	( )	C
9.	Uso a internet para me informar do que acontece no Brasil e no mundo.	( )	H
10.	Tenho um bom conhecimento do mercado onde atuo.	( )	C
11.	Sou receptivo(a) a inovações.	( )	A
12.	Costumo adotar inovações tecnológicas com propriedade.	( )	H
13.	Sou hábil para lidar com novas tecnologias.	( )	H
14.	Gosto de mudar meu ambiente de trabalho (disposição dos móveis, cores, decoração).	( )	A
15.	Tenho facilidade para trabalhar com novas equipes.	( )	A
16.	Consigo entender e respeitar as posições dos outros, mesmo que sejam contrárias às minhas.	( )	H
17.	Consigo aderir às inovações mantendo a qualidade e a produtividade.	( )	H
18.	Quando um objeto meu não está em uso há algum tempo, dispenso-o (faço uma doação, troco ou vendo).	( )	A

Parte 2 • Ferramentas para as Métricas: Inventários & Simulados

19. Mudo meu visual com certa regularidade (cabelos, roupas, estilo).	( )	A
20. Tenho facilidade para me adaptar às inovações.	( )	H
21. Sei utilizar ferramentas relacionadas à geração de ideias (da criatividade).	( )	H
22. Consigo mudar a direção de meu pensamento de acordo com o contexto que vivencio (tenho flexibilidade de ideias).	( )	H
23. Sei adaptar minhas atitudes de acordo com o contexto, cliente ou pessoas envolvidas (falar a mesma linguagem).	( )	H
24. Tenho conhecimento das etapas do processo de mudança.	( )	C
25. Conheço meus pontos fortes e minhas limitações.	( )	C
26. Tenho conhecimento dos fatores psicológicos que envolvem mudanças.	( )	C
27. Conheço os benefícios e as vantagens das mudanças em uma organização.	( )	C
28. Conheço as consequências da resistência a mudanças no ambiente organizacional.	( )	C
29. Conheço técnicas de meditação que me ajudam a ser mais flexível.	( )	C
30. Conheço indicadores do pensamento criativo.	( )	C

Consolidação: registrar a quantidade de itens marcados em cada letra. O total em cada uma não poderá ultrapassar dez.

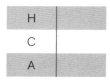

A figura a seguir apresenta duas árvores. Uma com copa, tronco e raízes (habilidades, conhecimentos e atitudes) no nível de excelência.

Inventário: Árvore das Competências

A segunda árvore apresenta frutos em branco na copa (dez ao todo), tronco dividido em dez partes e dez raízes.

Para visualizar seu resultado, preencha os campos de cada componente da árvore, de acordo com seu resultado nesta competência. Compare com a árvore da excelência e descubra seu potencial de desenvolvimento (o que ainda precisa desenvolver).

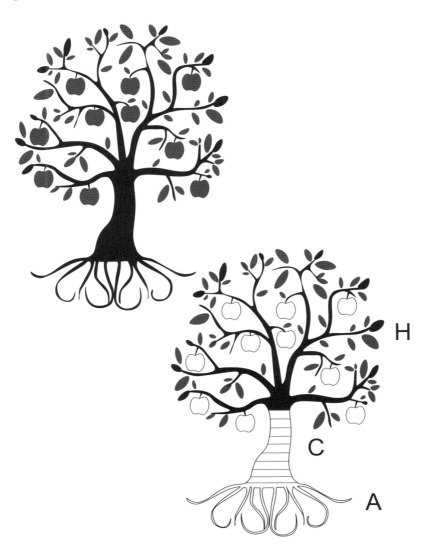

Parte 2 • Ferramentas para as Métricas: Inventários & Simulados

ÁRVORE DA COMUNICAÇÃO E INTERAÇÃO

Personagem Articulador

Nome:

Cargo/função: Data:

Área:

Este inventário tem como finalidade identificar a sua árvore pessoal na competência **comunicação e interação**. Para que o resultado retrate de forma adequada o seu perfil, marque somente as ações que "realmente" coloca em prática. Evite ser influenciado(a) pelo que "acha certo".

**Marcar com um × somente as afirmativas
que correspondam às suas características ou
formas de agir no trabalho.**

Inventário: Árvore das Competências

1. Minha comunicação verbal é clara e objetiva. ( ) H

2. Tenho facilidade para falar em público. ( ) H

3. Minha comunicação escrita é objetiva, clara e correta. ( ) H

4. Tenho facilidade para redigir. ( ) H

5. Conheço as regras gramaticais. ( ) C

6. Gosto de escrever textos ou artigos. ( ) A

7. Evito termos fora do contexto ao me comunicar verbalmente. ( ) A

8. Sei lidar bem com o feedback (fornecer, receber e pedir). ( ) A

9. Sou um(a) bom(a) ouvinte. ( ) H

10. As pessoas dizem que sou objetivo(a), não sou prolixo ou cansativo em minhas comunicações. ( ) H

11. Conheço técnicas de feedback. ( ) C

12. Conheço as técnicas de apresentação. ( ) C

13. Conheço as técnicas de comunicação verbal. ( ) C

14. Uso os canais de comunicação da empresa de forma correta. ( ) H

15. Conheço os meios de comunicação adotados na empresa. ( ) C

16. Conheço técnicas de apresentação e exposição (oratória). ( ) C

17. Argumento com propriedade. ( ) H

18. Tenho conhecimento das técnicas de comunicação persuasiva. ( ) C

19. Quando participo de discussões, esclareço meus pontos de vista com facilidade. ( ) H

20. Sou receptivo(a) aos outros. ( ) A

Parte 2 • Ferramentas para as Métricas: Inventários & Simulados

21. Inicio as comunicações.	( )	A
22. Domino bem as técnicas de comunicação verbal.	( )	H
23. Gosto de preparar pequenas apresentações para minha equipe.	( )	A
24. Sei qual a dimensão ética e a dimensão psicológica do feedback.	( )	C
25. Gosto de me comunicar com as pessoas.	( )	A
26. Tenho conhecimento do que é o processo de comunicação.	( )	C
27. Eu gosto de me comunicar em público.	( )	A
28. Estimulo minha equipe a se comunicar de forma clara e objetiva.	( )	A
29. Tenho paciência para ouvir.	( )	A
30. Conheço as técnicas do saber ouvir.	( )	C

Consolidação: registrar a quantidade de itens marcados em cada letra. O total em cada uma não poderá ultrapassar dez.

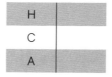

A figura a seguir apresenta duas árvores. Uma com copa, tronco e raízes (habilidades, conhecimentos e atitudes) no nível de excelência.

A segunda árvore apresenta frutos em branco na copa (dez ao todo), tronco dividido em dez partes e dez raízes.

Inventário: Árvore das Competências

Para visualizar seu resultado, preencha os campos de cada componente da árvore, de acordo com seu resultado nesta competência. Compare com a árvore da excelência e descubra seu potencial de desenvolvimento (o que ainda precisa desenvolver).

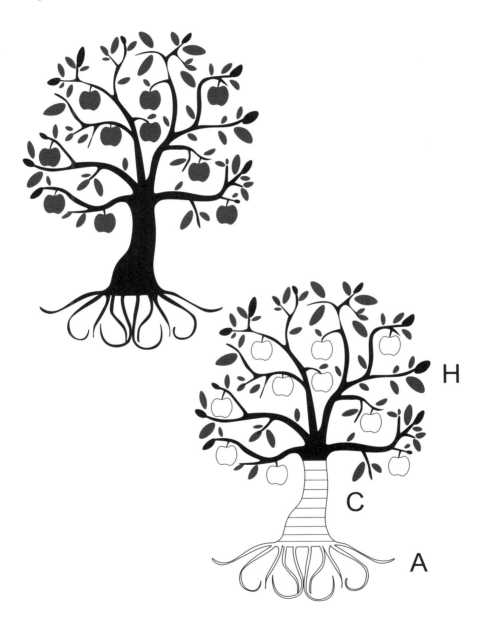

ÁRVORE DA CRIATIVIDADE

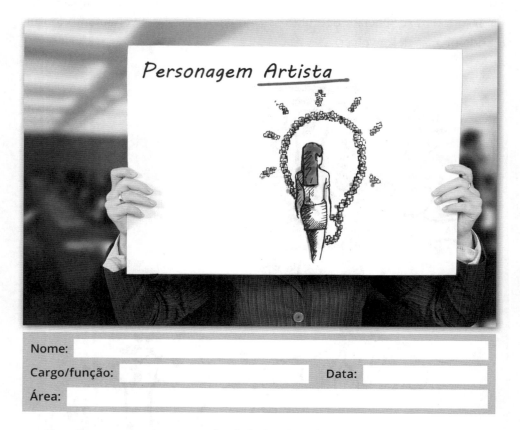

Nome:
Cargo/função: Data:
Área:

    Este inventário tem como finalidade identificar a sua árvore pessoal na competência **criatividade e inovação**. Para que o resultado retrate de forma adequada o seu perfil, marque somente as ações que "realmente" coloca em prática. Evite ser influenciado(a) pelo que "acha certo".

Marcar com um × somente as afirmativas que correspondam às suas características ou formas de agir no trabalho.

Inventário: Árvore das Competências

1. Adoto um processo sistematizado para analisar as ideias apresentadas pelas pessoas da minha equipe. ( ) H

2. Conheço as formas assertivas de fornecer feedback àqueles colaboradores e colegas que apresentam ideias. ( ) C

3. Apresento minhas ideias de forma clara e objetiva. ( ) H

4. Tenho o cuidado de apresentar ideias de forma que os outros as entendam. ( ) A

5. As pessoas dizem que sou bem-humorado. ( ) A

6. Busco formas diferentes de trabalhar. ( ) H

7. Tenho sucesso quando adoto formas diferentes de trabalhar. ( ) H

8. Conheço ferramentas de resolução de problemas. ( ) C

9. Pratico com propriedade as ferramentas de resolução de problemas. ( ) H

10. Conheço métodos para gerar ideias criativas. ( ) C

11. Conheço técnicas de geração de ideias. ( ) C

12. Consigo diferenciar o que é criatividade, inovação e inventiva. ( ) C

13. Estou sempre disponível para ouvir as ideias da minha equipe. ( ) A

14. Tenho interesse pelos temas criatividade e inovação. ( ) A

15. Mantenho registro de ideias novas, ainda não executadas. ( ) A

16. Mediante problemas ou dificuldades, utilizo estratégias criativas. ( ) H

17. Ao usar estratégias criativas, obtenho bons resultados. ( ) H

18. Conheço a metodologia para traçar mapas mentais. ( ) C

19. Sei me comunicar de forma criativa e bem-humorada. ( ) H

20. Sou uma pessoa aberta a inovações e gosto de criar.   ( )   A
21. Sou uma pessoa bem-humorada.   ( )   A
22. Tenho facilidade em sonhar acordado e imaginar melhorias.   ( )   A
23. Conheço as fases do processo criativo.   ( )   C
24. Tenho facilidade em vencer meu medo de correr riscos.   ( )   A
25. Procuro agir com criatividade em novas situações.   ( )   A
26. Consigo agir com criatividade em situações que já conheço.   ( )   H
27. Sei como fazer para colocar minhas ideias em ação.   ( )   C
28. Tenho facilidade para imaginar soluções para os problemas que surgem no dia a dia.   ( )   H
29. Tenho conhecimento dos mitos que envolvem o tema criatividade e inovação.   ( )   C
30. Reconheço indicadores de criatividade nas ações de meus colaboradores e colegas.   ( )   C

Consolidação: registrar a quantidade de itens marcados em cada letra. O total em cada uma não poderá ultrapassar dez.

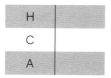

A figura a seguir apresenta duas árvores. Uma com copa, tronco e raízes (habilidades, conhecimentos e atitudes) no nível de excelência.

A segunda árvore apresenta frutos em branco na copa (dez ao todo), tronco dividido em dez partes e dez raízes.

Inventário: Árvore das Competências

Para visualizar seu resultado, preencha os campos de cada componente da árvore, de acordo com seu resultado nesta competência. Compare com a árvore da excelência e descubra seu potencial de desenvolvimento (o que ainda precisa desenvolver).

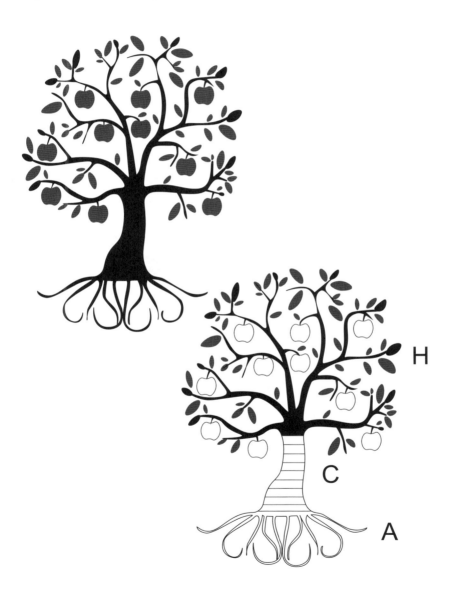

Parte 2 • Ferramentas para as Métricas: Inventários & Simulados

ÁRVORE DA CULTURA DA QUALIDADE

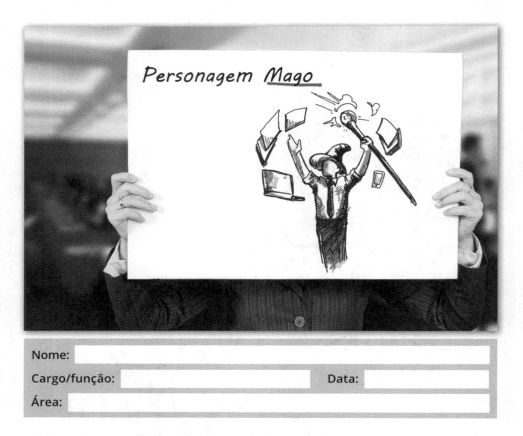

Nome:
Cargo/função: Data:
Área:

    Este inventário tem como finalidade identificar a sua árvore pessoal na competência **cultura da qualidade**. Para que o resultado retrate o seu perfil, marque somente as ações que "realmente" coloca em prática. Evite ser influenciado(a) pelo que "acha certo".

Marcar com um × somente as afirmativas que correspondam às suas características ou formas de agir no trabalho.

Inventário: Árvore das Competências

1. Ajo com propriedade quando tenho que analisar os contextos onde atuo.	( )	H
2. Sinto-me à vontade ao trabalhar com metas.	( )	A
3. Conheço as necessidades dos meus clientes.	( )	C
4. Mantenho contatos regulares e sistematizados com meus clientes.	( )	H
5. Valorizo e uso as ferramentas de qualidade adotadas na instituição.	( )	A
6. Tenho conhecimento das críticas, sugestões e solicitações dos meus clientes.	( )	C
7. Demonstro reconhecer o real valor do cliente para o nosso negócio.	( )	A
8. Conheço os contextos onde atuo.	( )	C
9. Uso ferramentas e instrumentos para verificar resultados de forma positiva e adequada.	( )	H
10. Tenho conhecimento de como atuam as outras áreas/unidades da minha empresa.	( )	C
11. Gosto de trabalhar com metas.	( )	A
12. Sei ouvir críticas, sugestões e solicitações de clientes.	( )	H
13. Conheço as ferramentas da qualidade adotadas na instituição.	( )	C
14. Consigo estabelecer interfaces de trabalho com as outras áreas da empresa.	( )	H
15. Conheço minha carteira de clientes.	( )	C
16. Respeito a opinião dos outros evitando me colocar como o(a) "dono(a) da verdade".	( )	A
17. Valorizo a melhoria contínua dos processos e invisto neste item (acredito que tudo pode ser melhorado).	( )	A
18. Conheço ferramentas e instrumentos para verificar resultados.	( )	C

Parte 2 • Ferramentas para as Métricas: Inventários & Simulados

19. Conheço o real valor do cliente para o nosso negócio.	( )	C
20. Consigo estabelecer uma relação pós-venda com meus clientes (fidelização).	( )	H
21. Tenho interesse em conhecer todos os contextos onde atuo.	( )	A
22. Sei utilizar as ferramentas de qualidade adotadas na instituição.	( )	H
23. Conheço formas de investir na melhoria contínua dos processos.	( )	C
24. Adoto ações estratégicas para retenção de clientes.	( )	H
25. Procuro ouvir críticas, sugestões e solicitações de clientes.	( )	A
26. Tenho conhecimento das metas da minha área.	( )	C
27. Atuo visando a melhoria contínua dos processos e invisto neste item (acredito que tudo pode ser melhorado).	( )	H
28. Gosto de usar ferramentas e instrumentos para verificar resultados.	( )	A
29. Informo ao cliente seu real valor para o nosso negócio.	( )	A
30. Consigo estabelecer parcerias com pessoas de outras áreas ou unidades, quando o trabalho requer tal iniciativa.	( )	H

Consolidação: registrar a quantidade de itens marcados em cada letra. O total em cada uma não poderá ultrapassar dez.

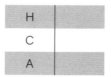

A figura a seguir apresenta duas árvores. Uma com copa, tronco e raízes (habilidades, conhecimentos e atitudes) no nível de excelência.

A segunda árvore apresenta frutos em branco na copa (dez ao todo), tronco dividido em dez partes e dez raízes.

Inventário: Árvore das Competências

Para visualizar seu resultado, preencha os campos de cada componente da árvore, de acordo com seu resultado nesta competência. Compare com a árvore da excelência e descubra seu potencial de desenvolvimento (o que ainda precisa desenvolver).

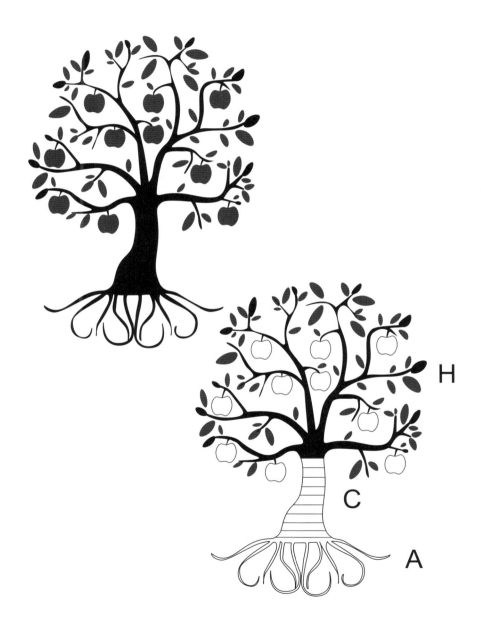

ÁRVORE DA LIDERANÇA

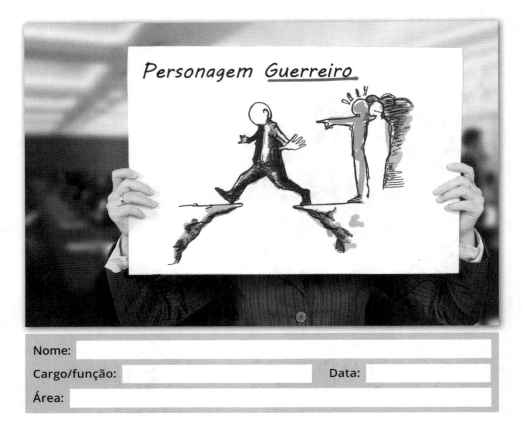

Nome:
Cargo/função: Data:
Área:

    Este inventário tem como finalidade identificar a sua árvore pessoal na competência **liderança**. Para que o resultado retrate de forma adequada o seu perfil, marque somente as ações que "realmente" coloca em prática. Evite ser influenciado(a) pelo que "acha certo".

Marcar com um × somente as afirmativas que correspondam às suas características ou formas de agir no trabalho.

Inventário: Árvore das Competências

1.	Sou um(a) profissional que valoriza e reconhece as qualidades da minha equipe, dos colaboradores e dos meus superiores.	( )	A
2.	Conheço técnicas motivacionais.	( )	C
3.	Tenho facilidade para estabelecer parcerias.	( )	H
4.	Geralmente me sinto motivado(a) para o trabalho.	( )	A
5.	Prefiro orientar as equipes e ver o produto ou serviço final pronto do que executar.	( )	A
6.	Atualmente executo alguns projetos em parceria.	( )	H
7.	Conheço meu estilo de liderança.	( )	C
8.	As pessoas geralmente acreditam no que proponho e me seguem.	( )	H
9.	Tenho o hábito de orientar minha equipe quando percebo falhas ou dificuldades.	( )	H
10.	Minha equipe me vê como um líder motivado.	( )	A
11.	Conheço os principais modelos de liderança que influenciam a ação de um líder.	( )	C
12.	Atuo sempre com foco nos objetivos organizacionais quando oriento a minha equipe.	( )	A
13.	Sou um líder apoiador.	( )	H
14.	Acompanho os trabalhos da equipe.	( )	H
15.	Conheço os programas de capacitação oferecidos por minha empresa.	( )	C
16.	Conheço o potencial de trabalho dos meus colaboradores.	( )	C
17.	Estou sempre disponível a ajudar.	( )	A
18.	Sou um(a) líder orientador(a).	( )	A
19.	Uso regularmente a delegação como ferramenta de trabalho.	( )	H

Parte 2 • Ferramentas para as Métricas: Inventários & Simulados

20. Encaminho minha equipe para treinamentos e eventos de desenvolvimento com frequência.	( )	A
21. Conheço os meus papéis na função de liderança.	( )	C
22. Atuo com propriedade nos papéis de liderança.	( )	H
23. Ajo com justiça e ética no trabalho.	( )	A
24. Conheço os projetos que fazem interface com os projetos da minha área.	( )	C
25. Conheço os processos de trabalho da empresa.	( )	C
26. Sei atuar dentro dos processos de trabalho da empresa.	( )	H
27. Incentivo minha equipe a adotar os processos de trabalho da empresa.	( )	A
28. Conheço as principais estratégias adotadas pela minha empresa.	( )	C
29. Conheço as metas, diretrizes e os valores da empresa.	( )	C
30. Consigo cumprir as metas, diretrizes, estratégias e os valores da empresa.	( )	H

Consolidação: registrar a quantidade de itens marcados em cada letra. O total em cada uma não poderá ultrapassar dez.

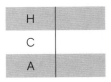

A figura a seguir apresenta duas árvores. Uma com copa, tronco e raízes (habilidades, conhecimentos e atitudes) no nível de excelência.

A segunda árvore apresenta frutos em branco na copa (dez ao todo), tronco dividido em dez partes e dez raízes.

Inventário: Árvore das Competências

Para visualizar seu resultado, preencha os campos de cada componente da árvore, de acordo com seu resultado nesta competência. Compare com a árvore da excelência e descubra seu potencial de desenvolvimento (o que ainda precisa desenvolver).

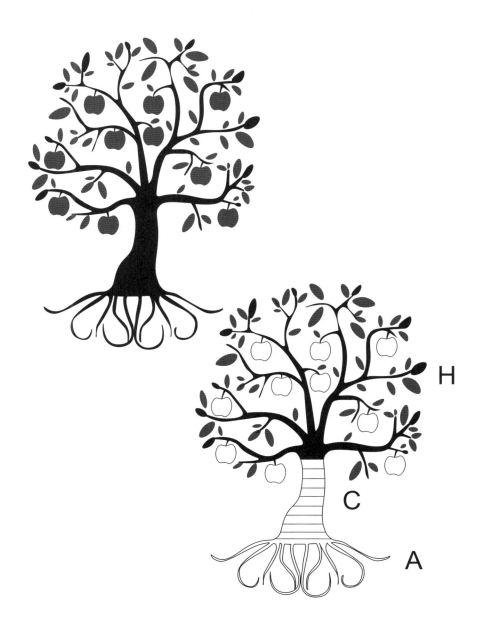

81

Parte 2 • Ferramentas para as Métricas: Inventários & Simulados

ÁRVORE DA ORIENTAÇÃO PARA RESULTADOS

Nome:
Cargo/função: Data:
Área:

Este inventário tem como finalidade identificar a sua árvore pessoal na competência **orientação para resultados**. Para que o resultado retrate de forma adequada o seu perfil, marque somente as ações que "realmente" coloca em prática. Evite ser influenciado(a) pelo que "acha certo".

**Marcar com um × somente as afirmativas
que correspondam às suas características ou
formas de agir no trabalho.**

Inventário: Árvore das Competências

1.	Valorizo resultados.	( )	A
2.	Demonstro engajamento no alcance de metas.	( )	A
3.	Revelo interesse e disponibilidade para assumir desafios.	( )	A
4.	Utilizo os recursos disponíveis com eficiência.	( )	H
5.	Garanto a qualidade nas entregas que realizo.	( )	H
6.	Valorizo quem propõe melhoria nos processos e procedimentos.	( )	A
7.	Apresento posturas que indicam meu comprometimento com resultados.	( )	A
8.	Conheço o planejamento estratégico da empresa.	( )	C
9.	Sou bem informado(a) sobre o modelo de gestão da empresa.	( )	C
10.	Mantenho um bom padrão de qualidade em meu trabalho.	( )	H
11.	Atendo ao padrão de desempenho estabelecido.	( )	H
12.	Cumpro metas.	( )	H
13.	Tenho facilidade para superar desafios.	( )	H
14.	Valorizo o cumprimento de metas e prazos.	( )	A
15.	Reconheço pessoas que alcançam resultados.	( )	A
16.	Gosto de trabalhar com indicadores.	( )	A
17.	Demonstro engajamento no alcance de metas.	( )	A
18.	Respeito o cumprimento de prazos.	( )	A
19.	Mantenho uma sistemática de trabalho que me permite cumprir metas.	( )	H
20.	Sei trabalhar com indicadores de desempenho.	( )	H
21.	Conheço os indicadores de desempenho da minha área.	( )	C
22.	Conheço técnicas de administração do tempo.	( )	C
23.	Atendo a demandas com prontidão, assertividade e rapidez.	( )	H

Parte 2 • Ferramentas para as Métricas: Inventários & Simulados

24. Conheço as metas e as diretrizes da empresa.	( )	C
25. Sigo os procedimentos e mantenho a padronização dos processos da minha área.	( )	H
26. Conheço o negócio onde atuo.	( )	C
27. Tenho conhecimento das práticas dos nossos concorrentes.	( )	C
28. Conheço nosso segmento de mercado.	( )	C
29. Conheço a visão de futuro da minha empresa.	( )	C
30. Conheço os valores institucionais da minha empresa.	( )	C

Consolidação: registrar a quantidade de itens marcados em cada letra. O total em cada uma não poderá ultrapassar dez.

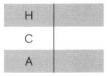

A figura a seguir apresenta duas árvores. Uma com copa, tronco e raízes (habilidades, conhecimentos e atitudes) no nível de excelência.

A segunda árvore apresenta frutos em branco na copa (dez ao todo), tronco dividido em dez partes e dez raízes.

Inventário: Árvore das Competências

Para visualizar seu resultado, preencha os campos de cada componente da árvore, de acordo com seu resultado nesta competência. Compare com a árvore da excelência e descubra seu potencial de desenvolvimento (o que ainda precisa desenvolver).

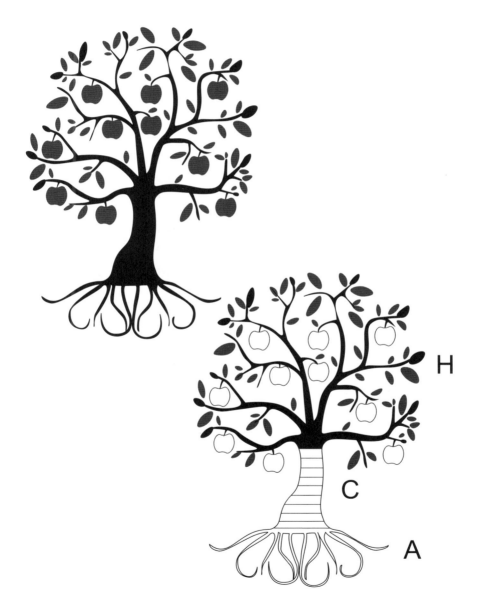

85

Parte 2 • Ferramentas para as Métricas: Inventários & Simulados

ÁRVORE DO PLANEJAMENTO

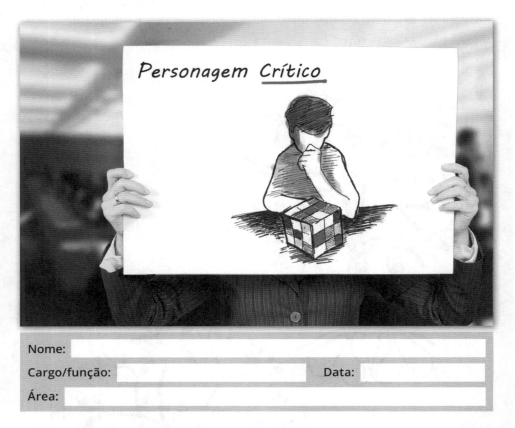

Nome:	
Cargo/função:	Data:
Área:	

Este inventário tem como finalidade identificar a sua árvore pessoal na competência **planejamento**. Para que o resultado retrate de forma adequada o seu perfil, marque somente as ações que "realmente" coloca em prática. Evite ser influenciado(a) pelo que "acha certo".

Marcar com um × somente as afirmativas que correspondam às suas características ou formas de agir no trabalho.

Inventário: Árvore das Competências

1.	Gosto de usar agenda ou outra forma de me organizar (quadros, cartazes, etc.).	( )	A
2.	Sei usar a minha agenda de trabalho com propriedade.	( )	C
3.	Delego tarefas com responsabilidade e obtenho os resultados aos quais me proponho.	( )	H
4.	Possuo conhecimento das principais técnicas de delegação.	( )	C
5.	Administro bem meu tempo profissional.	( )	H
6.	Minha mesa de trabalho é organizada.	( )	A
7.	Estimulo minha equipe a manter seu espaço organizado.	( )	A
8.	Conheço e pratico técnicas de planejamento, condução e avaliação de reuniões.	( )	C
9.	As pessoas dizem que sou organizado(a).	( )	A
10.	Sei usar os recursos da empresa sem desperdícios.	( )	C
11.	Valorizo o uso racional de recursos.	( )	A
12.	Tenho o hábito de estabelecer objetivos em metas no trabalho.	( )	A
13.	Uso instrumentos de acompanhamento do trabalho (monitoramento de resultados através de gráficos, ferramentas, controles visuais etc.).	( )	H
14.	Conheço os instrumentos de acompanhamento de metas usados na minha empresa.	( )	C
15.	Identifico e corrijo desvios nos planos implementados em tempo hábil.	( )	H
16.	Priorizo ações de acordo com a importância do contexto.	( )	A
17.	Conheço os indicadores de resultados adotados na minha empresa.	( )	C
18.	Dedico um tempo diário e curto para resolver as demandas corriqueiras: responder e-mail, atender pessoas, fazer ligações telefônicas.	( )	A

Parte 2 • Ferramentas para as Métricas: Inventários & Simulados

19. Consigo atingir meus objetivos ao final de cada dia.	( )	H
20. Possuo informações sobre o planejamento estratégico da empresa.	( )	C
21. Domino as técnicas de planejamento tático e operacional.	( )	H
22. Sei usar a minha agenda com eficiência.	( )	H
23. Valorizo o uso da agenda.	( )	A
24. Conheço e adoto os processos de trabalho da empresa.	( )	C
25. Administro bem os recursos existentes.	( )	H
26. Obtenho sucesso quando necessito negociar recursos adicionais para minha área.	( )	H
27. Possuo conhecimento de técnicas de negociação.	( )	C
28. Conheço as principais ferramentas de gestão da minha empresa.	( )	C
29. Estimulo minha equipe a adotar o planejamento como prática.	( )	A
30. Consigo a adesão da minha equipe aos planejamentos propostos.	( )	H

Consolidação: registrar a quantidade de itens marcados em cada letra. O total em cada uma não poderá ultrapassar dez.

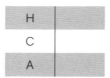

A figura a seguir apresenta duas árvores. Uma com copa, tronco e raízes (habilidades, conhecimentos e atitudes) no nível de excelência.

A segunda árvore apresenta frutos em branco na copa (dez ao todo), tronco dividido em dez partes e dez raízes.

Inventário: Árvore das Competências

Para visualizar seu resultado, preencha os campos de cada componente da árvore, de acordo com seu resultado nesta competência. Compare com a árvore da excelência e descubra seu potencial de desenvolvimento (o que ainda precisa desenvolver).

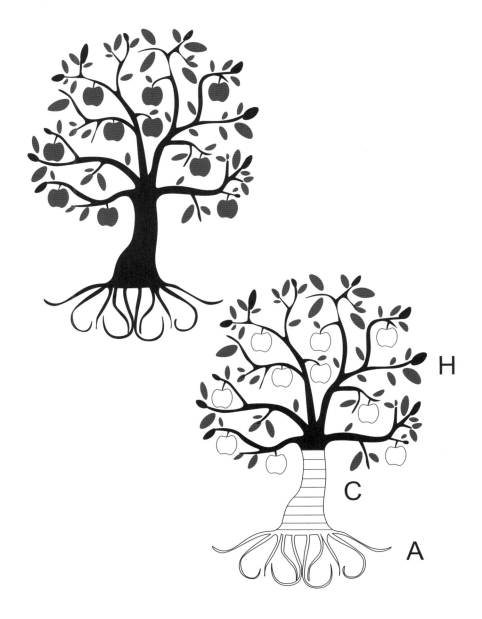

89

Parte 2 • Ferramentas para as Métricas: Inventários & Simulados

ÁRVORE DO RELACIONAMENTO INTERPESSOAL

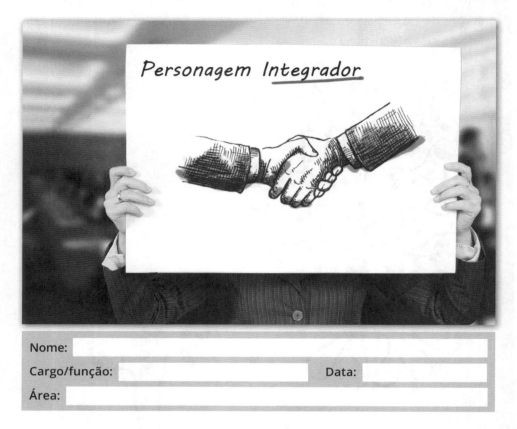

Nome:
Cargo/função: Data:
Área:

    Este inventário tem como finalidade identificar a sua árvore pessoal na competência **relacionamento interpessoal**. Para que o resultado retrate de forma adequada o seu perfil, marque somente as ações que "realmente" coloca em prática. Evite ser influenciado(a) pelo que "acha certo".

Marcar com um × somente as afirmativas que correspondam às suas características ou formas de agir no trabalho.

Inventário: Árvore das Competências

1.	Gosto de interagir com as pessoas.	( ) A
2.	Conheço as técnicas de comunicação e persuasão assertivas.	( ) C
3.	Gosto de trabalhar de forma compartilhada.	( ) A
4.	Interajo com as pessoas de forma espontânea.	( ) H
5.	Tenho facilidade para obter a colaboração e a participação das pessoas às minhas propostas.	( ) H
6.	Conheço minhas limitações e pontos fortes.	( ) C
7.	Valorizo o espaço para a participação das pessoas nos contextos onde atuo.	( ) A
8.	Dou atenção às pessoas quando sou solicitado(a).	( ) A
9.	Conheço o potencial das pessoas que trabalham comigo.	( ) C
10.	Conheço os pontos a desenvolver das pessoas que trabalham comigo.	( ) C
11.	Participo ativamente dos trabalhos, deixando espaços para a participação das pessoas.	( ) H
12.	Sei expor meus pontos de vista, sem desvalorizar os dos outros.	( ) H
13.	Consigo preservar calma e presença de espírito, mesmo nas situações adversas.	( ) H
14.	Consigo administrar equipes em conflito.	( ) H
15.	Acredito que as pessoas precisam ser valorizadas.	( ) A
16.	Valorizo um bom clima de trabalho onde as pessoas se sintam bem.	( ) A
17.	Estimulo as pessoas a participar de projetos da nossa área.	( ) A
18.	Acredito que as pessoas têm capacidade para agregar valor na equipe.	( ) A
19.	Respeito opiniões contrárias.	( ) A
20.	Avalio permanentemente minha participação nas equipes.	( ) H

Parte 2 • Ferramentas para as Métricas: Inventários & Simulados

21. Consigo ouvir e me fazer entender pelas pessoas que fazem parte da minha equipe.	( )	H
22. Conheço os princípios da dinâmica dos grupos.	( )	C
23. Tenho informações sobre como lidar com situações de conflito.	( )	C
24. Consigo agir com empatia (me colocar no lugar das pessoas).	( )	H
25. Conheço a base e os princípios da inteligência emocional.	( )	C
26. Tenho facilidade para lidar com situações conflitivas.	( )	H
27. Conheço técnicas motivacionais.	( )	C
28. Tenho o cuidado de integrar novos membros de minha equipe.	( )	A
29. Conheço os projetos da minha área.	( )	C
30. Tenho informações sobre como repassar um trabalho, um projeto ou uma meta.	( )	C

Consolidação: registrar a quantidade de itens marcados em cada letra. O total em cada uma não poderá ultrapassar dez.

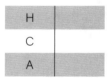

A figura a seguir apresenta duas árvores. Uma com copa, tronco e raízes (habilidades, conhecimentos e atitudes) no nível de excelência.

A segunda árvore apresenta frutos em branco na copa (dez ao todo), tronco dividido em dez partes e dez raízes.

Inventário: Árvore das Competências

Para visualizar seu resultado, preencha os campos de cada componente da árvore, de acordo com seu resultado nesta competência. Compare com a árvore da excelência e descubra seu potencial de desenvolvimento (o que ainda precisa desenvolver).

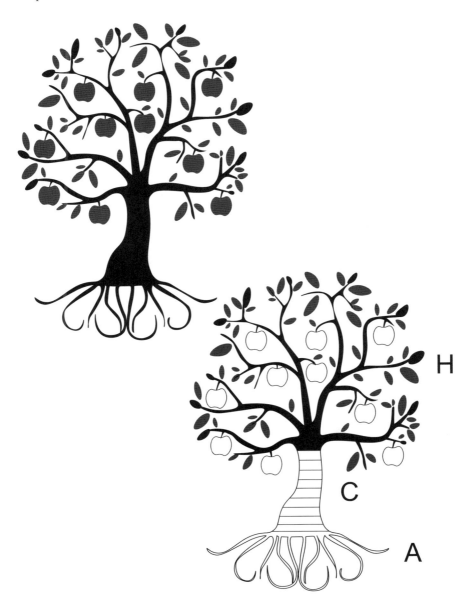

Parte 2 • Ferramentas para as Métricas: Inventários & Simulados

ÁRVORE DO TRABALHO EM EQUIPE

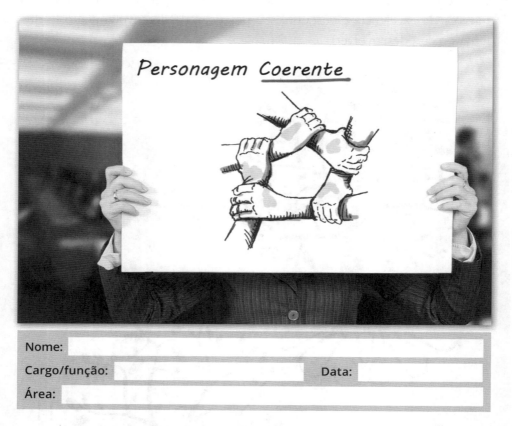

Nome:
Cargo/função: Data:
Área:

    Este inventário tem como finalidade identificar a sua árvore pessoal na competência **trabalho em equipe**. Para que o resultado retrate de forma adequada o seu perfil, marque somente as ações que "realmente" coloca em prática. Evite ser influenciado(a) pelo que "acha certo".

**Marcar com um × somente as afirmativas
que correspondam às suas características ou
formas de agir no trabalho.**

94

Inventário: Árvore das Competências

1.	Respeito o ponto de vista dos outros, mesmo quando contraria o meu.	( )	A
2.	Sou uma pessoa transparente: demonstro meus sentimentos e opiniões.	( )	A
3.	Participo ativamente dos trabalhos desenvolvidos em minha área.	( )	A
4.	Consigo me fazer ouvir na equipe.	( )	H
5.	Consigo me fazer entender.	( )	H
6.	Conheço algumas técnicas de comunicação.	( )	C
7.	Procuro saber sobre técnicas de comunicação.	( )	A
8.	As pessoas dizem que sou divertido(a) e bem-humorado(a).	( )	A
9.	Conheço (através de leituras) como as pessoas se comportam em grupos.	( )	C
10.	Conheço a dinâmica dos grupos e equipes onde atuo.	( )	C
11.	Consigo manter a calma e é difícil eu perder a paciência na equipe.	( )	H
12.	Ajo com tranquilidade quando os rumos do trabalho vão em direção contrária à que eu esperava.	( )	H
13.	Trato as pessoas da equipe de acordo com seu perfil, respeitando as diferenças.	( )	H
14.	Consigo me organizar e dedicar um tempo para ouvir os anseios da minha equipe.	( )	H
15.	Valorizo e trabalho para alcançar a coesão do grupo.	( )	A
16.	Tenho atitudes abertas a opiniões contrárias, ouvindo-as com atenção e respeito.	( )	A
17.	Tenho o hábito regular de avaliar minha participação na equipe.	( )	A
18.	Sou aberto ao feedback dos meus colaboradores.	( )	A
19.	Sou aberto ao feedback dos meus pares.	( )	A

Parte 2 • Ferramentas para as Métricas: Inventários & Simulados

20. Consigo manter equipes preparadas, coesas e motivadas.	( )	H
21. Invisto no desenvolvimento da minha equipe.	( )	H
22. Conheço o potencial dos membros da minha equipe.	( )	C
23. Conheço meu papel na equipe onde atuo.	( )	C
24. Tenho facilidade em trabalhar com pessoas de estilos diferentes do meu.	( )	H
25. Conheço técnicas que estimulam a motivação da equipe.	( )	C
26. Adoto adequação técnica para estimular a motivação.	( )	H
27. Conheço os processos de avaliação de desempenho da minha equipe.	( )	C
28. Conheço os pontos fortes das pessoas da minha equipe.	( )	C
29. Conheço os projetos que estão sendo desenvolvidos pela minha equipe.	( )	C
30. Conheço as diretrizes e metas de trabalho da minha equipe.	( )	C

Consolidação: registrar a quantidade de itens marcados em cada letra. O total em cada uma não poderá ultrapassar dez.

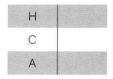

A figura a seguir apresenta duas árvores. Uma com copa, tronco e raízes (habilidades, conhecimentos e atitudes) no nível de excelência.

A segunda árvore apresenta frutos em branco na copa (dez ao todo), tronco dividido em dez partes e dez raízes.

Inventário: Árvore das Competências

Para visualizar seu resultado, preencha os campos de cada componente da árvore, de acordo com seu resultado nesta competência. Compare com a árvore da excelência e descubra seu potencial de desenvolvimento (o que ainda precisa desenvolver).

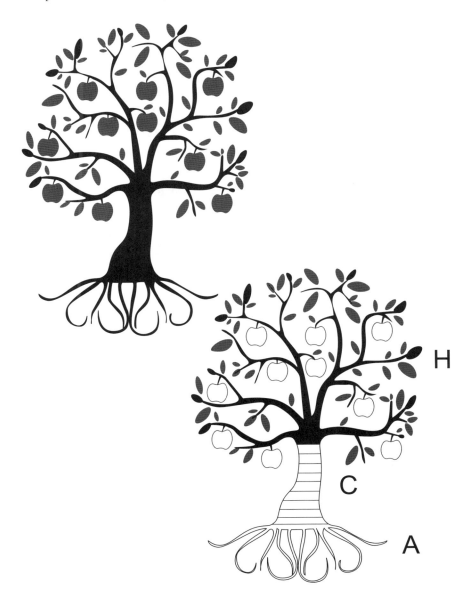

Parte 2 • Ferramentas para as Métricas: Inventários & Simulados

ÁRVORE DA VISÃO SISTÊMICA

Nome:
Cargo/função: Data:
Área:

Este inventário tem como finalidade identificar a sua árvore pessoal na competência **visão sistêmica**. Para que o resultado retrate de forma adequada o seu perfil, marque somente as ações que "realmente" coloca em prática. Evite ser influenciado(a) pelo que "acha certo".

Marcar com um × somente as afirmativas que correspondam às suas características ou formas de agir no trabalho.

Inventário: Árvore das Competências

1. A partir de análises de contextos, consigo identificar oportunidades e novos desafios. ( ) H

2. Acompanho regularmente as tendências e mudanças do mercado onde atuo. ( ) A

3. Compartilho dos valores da minha empresa. ( ) C

4. Conheço a cultura da minha empresa. ( ) C

5. Conheço a estrutura da minha empresa. ( ) C

6. Conheço a missão da minha empresa. ( ) C

7. Conheço a visão de futuro da minha empresa. ( ) C

8. Conheço as políticas da minha empresa. ( ) C

9. Conheço o funcionamento da minha empresa. ( ) C

10. Conheço o negócio da minha empresa. ( ) C

11. Conheço os processos de trabalho e a missão das outras áreas da minha empresa. ( ) C

12. Conheço os valores da minha empresa. ( ) C

13. Conscientizo minha equipe sobre a importância de cada um nos resultados globais da empresa. ( ) A

14. Consigo estabelecer parcerias com pessoas de outras áreas ou unidades quando o trabalho requer tal iniciativa. ( ) H

15. Dedico sistematicamente um tempo para analisar o contexto da minha empresa. ( ) A

16. Estimulo a equipe a trocar informações com as áreas de interface. ( ) A

17. Estimulo a equipe a buscar sinergia com as áreas de interface. ( ) A

18. Estimulo as pessoas a comemorar avanços quando batem metas. ( ) A

19. Estimulo as pessoas a comemorar quando promovem melhorias ou sugerem algo que é colocado em prática e traz resultados positivos. ( ) A

20.	Facilito o fluxo de informações junto aos clientes internos.	( )	H
21.	Identifico as áreas que fazem interface com a minha equipe.	( )	H
22.	Consigo instigar minha equipe a procurar informações sobre nosso negócio.	( )	H
23.	Consigo manter os canais de comunicação abertos na minha área.	( )	H
24.	Mantenho minha equipe informada sobre tendências de mercado.	( )	A
25.	Percebo que metas/objetivos individuais da minha área estão relacionadas a metas de outras pessoas/áreas.	( )	H
26.	Pesquiso e possuo diversas fontes que sinalizam indicadores do mercado onde atuo.	( )	H
27.	Consigo manter as áreas de interface informadas e em sinergia com nossa equipe.	( )	H
28.	Consigo passar para a equipe a importância de seu trabalho para os resultados da empresa.	( )	H
29.	Valorizo e cumprimento meus colegas/gestores quando a equipe atinge metas e objetivos.	( )	A
30.	Valorizo e qualifico os resultados da minha equipe (os macro e pequenos avanços)	( )	A

Consolidação: registrar a quantidade de itens marcados em cada letra. O total em cada uma não poderá ultrapassar dez.

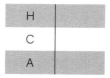

A figura a seguir apresenta duas árvores. Uma com copa, tronco e raízes (habilidades, conhecimentos e atitudes) no nível de excelência.

A segunda árvore apresenta frutos em branco na copa (dez ao todo), tronco dividido em dez partes e dez raízes.

Inventário: Árvore das Competências

Para visualizar seu resultado, preencha os campos de cada componente da árvore, de acordo com seu resultado nesta competência. Compare com a árvore da excelência e descubra seu potencial de desenvolvimento (o que ainda precisa desenvolver).

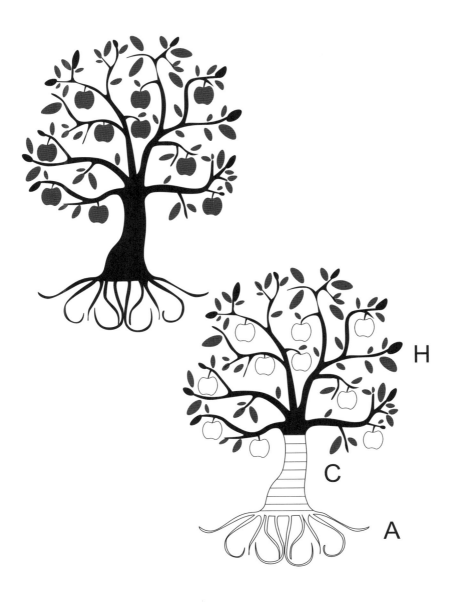

Capítulo 6

Inventário de Estilos de Pensamento: Seis Chapéus

Fonte do instrumento: Maria Rita Gramigna

Este inventário tem como base conceitual a metodologia dos seis chapéus do pensamento, criada por Edward De Bono, considerado o maior estudioso do pensamento criativo do século XX.

O objetivo do inventário é identificar a orientação do pensamento, apontando tendências racionais (hemisfério esquerdo) e emocionais (hemisfério direito) do avaliado.

Sua composição apresenta 48 afirmativas relacionadas aos seis estilos de pensamento que orientam a ação (oito afirmativas por tipo).

SEIS CHAPÉUS DO PENSAMENTO[1]

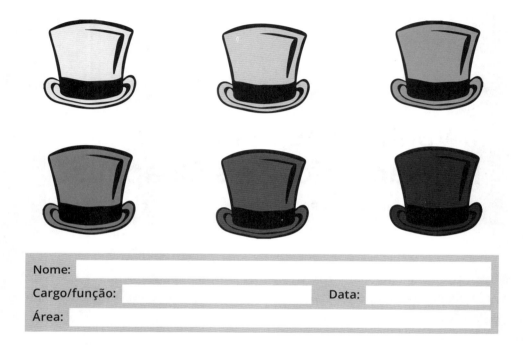

Nome:		
Cargo/função:		Data:
Área:		

Qual é o meu chapéu?

Este inventário tem como finalidade identificar a forma de pensar e se comportar que você usa mais frequentemente no ambiente de trabalho. O seu conteúdo é baseado nas metáforas descritas no livro *Os seis chapéus do pensamento,* de Edward de Bono.

Ao final, você terá a descrição do seu chapéu usual, ou seja, do conjunto de comportamentos que o(a) identifica na sua equipe.

Para que o resultado retrate de forma adequada o seu chapéu, marque somente as ações que "realmente" coloca em prática. Evite ser influenciado(a) pelo que "acha certo".

---

[1] O método "Os Seis Chapéus do Pensamento" desenvolvido por Edward de Bono nomeia cada chapéu com nome de uma cor, porém para o uso no presente livro a visualização das cores se faz dispensável.

Inventário de Estilos de Pensamento: Seis Chapéus

Marcar com um ×, na coluna da direita, somente as afirmativas que correspondam às suas características ou formas de agir no trabalho.

Chapéu Azul

1.	Costumo planejar antes de executar qualquer tarefa.	( )
2.	Quando trabalho em equipe estimulo e oriento as pessoas para o alcance das metas e/ou objetivos.	( )
3.	Quando participo de equipes e as pessoas não conseguem focar os objetivos, eu consigo estruturar e redirecionar o grupo.	( )
4.	Sempre mantenho minha atenção no contexto e nas equipes de que participo.	( )
5.	Ao ser desafiado(a) ou convidado(a) a assumir desafios, procuro analisar e entender as propostas antes de agir.	( )
6.	Possuo uma boa capacidade de síntese.	( )
7.	Tenho facilidade em elaborar relatórios e fazer resumos quando é necessário.	( )
8.	Sou um(a) profissional organizado(a).	( )
TOTAL DE MARCAÇÕES		___

Chapéu Preto

9.	Prefiro analisar os contextos antes de tomar decisões importantes.	( )
10.	Ao enfrentar novos desafios, tenho o costume de analisar os riscos.	( )
11.	Quando executo tarefas sob minha responsabilidade, consigo enxergar falhas com facilidade, redirecionando as ações.	( )

Parte 2 • Ferramentas para as Métricas: Inventários & Simulados

12. Sou reconhecido(a) como um profissional que sabe sinalizar os perigos de um projeto, investimento ou nova ação.	( )
13. Tenho facilidade para identificar o que é falso e incorreto nos contextos onde atuo.	( )
14. Ajo com cautela em meu dia a dia de trabalho.	( )
15. Não tenho problemas para fornecer feedback que contenha críticas.	( )
16. Possuo facilidade para argumentar.	( )
TOTAL DE MARCAÇÕES	___

Chapéu Branco

17. Quando me deparo com situações mais complexas e fora de meu cotidiano, consigo manter a calma.	( )
18. Sou um(a) profissional que passa tranquilidade.	( )
19. Sou e me sinto uma pessoa tranquila.	( )
20. Gosto de lidar com fatos, informações e dados.	( )
21. Sei lidar com fatos, informações e dados.	( )
22. Quando tenho que decidir algo relativo às pessoas que trabalham comigo, costumo ser imparcial.	( )
23. Tenho facilidade para participar de negociações.	( )
24. As pessoas dizem que sou bastante objetivo(a) em minhas ações.	( )
TOTAL DE MARCAÇÕES	___

Chapéu Vermelho

25. Costumo tomar decisões levando em consideração minha intuição.	( )
26. Demonstro sensibilidade em minhas ações.	( )
27. Gosto de conviver e compartilhar ideias com as pessoas do meu trabalho.	( )
28. Sou emotivo(a).	( )
29. Tenho facilidade para demonstrar meus sentimentos.	( )
30. Costumo dar apoio emocional às pessoas da minha equipe.	( )
31. Sei e gosto de ouvir.	( )
32. Ajo sempre com cuidado para não prejudicar as pessoas da minha equipe.	( )
TOTAL DE MARCAÇÕES	___

Chapéu Amarelo

33. Costumo identificar probabilidades positivas em projetos, ações e novos empreendimentos.	( )
34. Tenho facilidade para usar minha visão de ganhos e vantagens quando analiso uma situação de trabalho.	( )
35. As pessoas dizem que sou uma pessoa que passa energia.	( )
36. Coloco em prática minha capacidade de usar o positivismo.	( )
37. Sou, na maioria das vezes, uma pessoa com uma visão positiva do mundo.	( )

Parte 2 • Ferramentas para as Métricas: Inventários & Simulados

38. Tenho facilidade em identificar oportunidades onde o contexto é de problemas ou confusão (caos).	( )
39. Sou otimista.	( )
40. Estou sempre bem-disposto(a) e disponível para o trabalho.	( )
TOTAL DE MARCAÇÕES	___

Chapéu Verde

41. Sou um(a) profissional que apoia a inovação.	( )
42. Tenho facilidade em gerar ideias.	( )
43. Uso minha imaginação para resolver problemas.	( )
44. Incentivo as pessoas da minha equipe a novas tentativas, quando há problemas ou dificuldades difíceis de resolver.	( )
45. Uso ferramentas da criatividade no meu trabalho.	( )
46. Estimulo minha equipe a usar ferramentas da criatividade no trabalho, abrindo espaços para novas ideias.	( )
47. Sou um(a) profissional curioso(a) e sempre estou pesquisando as novidades na minha área.	( )
48. Estimulo as pessoas que trabalham comigo a buscar inovações e atualizações na nossa área.	( )
TOTAL DE MARCAÇÕES	___

Consolidação: registrar em cada coluna a quantidade de itens marcados em cada chapéu.

Resultado Gráfico: preencher o gráfico a seguir contando dez pontos para cada item marcado. Cada item marcado representa dez pontos.

Inventário de Estilos de Pensamento: Seis Chapéus

CONSOLIDAÇÃO - Registrar em cada coluna a quantidade de itens marcados em cada chapéu.

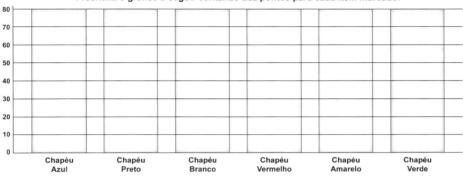

Importância de Cada Chapéu no Cotidiano de Trabalho

Chapéu azul
Palavra-chave: planejamento/organização

O chapéu azul dá àquele que o usa o poder da síntese.

Ao adotá-lo o profissional consegue demonstrar segurança. Faz perguntas certas na hora certa e colabora na tomada de decisões.

A capacidade crítica, apoiada no pensamento lógico-racional do chapéu azul, ajuda na tomada de decisões importantes.

O chapéu azul é aquele que organiza todos os outros chapéus.

Chapéu preto
Palavra-chave: cautela/crítica

Aquele que adota o chapéu preto como modelo de comportamento tende a usar o pensamento lógico negativo.

Parte 2 • Ferramentas para as Métricas: Inventários & Simulados

Apresenta um comportamento crítico, que, por vezes, é positivo e alerta para o que pode dar errado em um projeto ou ideia. Se usado em excesso, transforma seu interlocutor no eterno "do contra".

O chapéu preto é aquele que orienta seu usuário para ter cautela nas ações e empreendimentos.

Chapéu branco

Palavra-chave: equilíbrio/escuta

O chapéu branco aponta em direção ao equilíbrio nas ações.

Quem o usa demonstra tranquilidade e ausência de ideias preconcebidas.

Os argumentos sob a tutela do chapéu branco são objetivos e baseados em fatos e dados reais. O comportamento correspondente é de negociação, escuta e tranquilidade — o que poderá desarmar qualquer comportamento agressivo de outras pessoas.

O chapéu branco é aquele que orienta o comportamento voltado para a negociação e a administração de conflitos.

Chapéu vermelho

Palavra-chave: emoção/sensibilidade

A pessoa com o chapéu vermelho comporta-se e pensa tendo como âncora a emoção. Geralmente deixa transparecer em seus gestos e atitudes o que está sentindo. Se está satisfeita e concorda com os pontos de vista do outro, torna-se forte aliada.

O chapéu vermelho é aquele que permite agir com sensibilidade no trato. Quando usado de forma apropriada, interfere de forma positiva nos relacionamentos interpessoais, no trabalho em equipe, na liderança e nas comunicações.

Chapéu amarelo

Palavra-chave: motivação/energia

As atitudes e os comportamentos do profissional que usa o chapéu amarelo revelam otimismo.

Quando argumenta e usa perguntas, adota a estratégia especulativa e positiva, sem passar a ideia de discordância ou de imposição de pontos de vista.

O chapéu amarelo permite mostrar ao interlocutor o outro lado da moeda, — o que pode "dar certo", as oportunidades e possibilidades, neutralizando as barreiras daqueles que só veem o lado mau dos fatos.

O chapéu amarelo é aquele que mantém o otimismo e interfere diretamente na motivação das pessoas.

Chapéu verde

Palavra-chave: criatividade/inovação

O chapéu verde faz com que as pessoas transponham bloqueios à criatividade e apresentem ideias inovadoras e revolucionárias.

É importante que este tipo de pensamento busque seus espaços nas organizações através do apoio de seus gestores. As pessoas que demonstram criatividade podem contribuir de forma favorável com a inovação. A empresa que inova em suas práticas tem maiores chances de permanecer no atual mercado competitivo. Reconhecer os talentos e apoiá-los, oferecendo recursos e poder de concretização de ideias, é fundamental.

O chapéu verde é aquele que cria e inova.

Curiosidades

O conjunto de chapéus vermelho, amarelo e verde indica a tendência de pensar e se comportar de forma mais emocional, criativa, espontânea e intuitiva (cuja dominância está no hemisfério direito do cérebro).

O conjunto de chapéus azul, preto e branco indica a tendência de pensar e agir de forma mais racional, pragmática, objetiva, planejada (cuja dominância está no hemisfério esquerdo do cérebro).

É importante conhecer o modo de pensamento dominante que influencia diretamente o comportamento. Este conhecimento permite que as pessoas prestem atenção e cuidem para que os outros chapéus sejam lembrados e usados nos contextos adequados.

Os Seis Chapéus e a Competência Comunicação e Interação

A empatia é uma forte aliada nas situações de interação com o outro.

No nosso cotidiano de trabalho, deparamo-nos com situações difíceis e que, por vezes, promovem a ruptura da sinergia e dão lugar ao conflito nas relações.

Convivemos com colaboradores e colegas que trazem diferentes histórias de vida, estilos pessoais de atuação variados e, alguns deles, incompatíveis com as nossas expectativas:

- Como lidar, por exemplo, com um interlocutor que não quer nos ouvir ou que só ouve o que quer, quando o que esperamos é sua atenção?
- Como desarmar um argumento desfavorável em uma negociação sem a necessidade de corresponder ao confronto agressivo da outra parte?
- Como perceber e identificar o que está por trás das palavras e gestos?

A arte do relacionamento pode ser reaprendida e aperfeiçoada, desde que tenhamos interesse, instrumentos e vontade de criar um clima propício à interatividade. É mais inteligente buscar a interação do que usar a reação.

Segundo o dicionário Aurélio, **interação** é a "ação que se exerce mutuamente entre duas ou mais pessoas" e **reação** é o "ato de reagir, é a resposta a uma ação que tende a anular a precedente. É uma força que se opõe à outra".

Edward De Bono, um dos maiores especialistas em pensamento criativo de nossos tempos, desenvolveu uma metodologia que permite lidar com as diferenças, respeitando cada estilo e agindo de forma a estabelecer a empatia nas relações de trabalho.

De Bono afirma que as pessoas se comportam de seis maneiras básicas. E, para ancorar sua teoria, usou a **metáfora do chapéu** e coloriu cada um deles, dando significados específicos que indicam tendências pessoais de relacionamento.

Um profissional comprometido com a excelência tem a responsabilidade de buscar ações interativas que facilitem a sinergia e propiciem um clima assertivo nas relações de trabalho.

Modos Interativos dos Seis Chapéus (Texto de Apoio)

Chapéu azul: o chapéu azul dá àquele que o usa o poder da síntese. Seu comportamento demonstra segurança. Faz as perguntas certas na hora certa e colabora na tomada de decisões. Tem uma boa capacidade crítica, apoiada no pensamento lógico-racional. As lideranças podem se acercar dos pensadores do chapéu azul para assessorá-los em momentos de decisões importantes.

Chapéu preto: aquele que escolhe o chapéu preto como modelo de comportamento tende a usar o pensamento lógico negativo. Apresenta um comportamento crítico, que por vezes é positivo e alerta para o que pode dar errado em um projeto ou ideia. Se usado em excesso, transforma seu interlocutor no eterno "do contra". Para lidar com o pensador do chapéu preto faz-se necessário colocar na cabeça as ideias do chapéu amarelo.

Chapéu branco: o chapéu branco aponta em direção à tranquilidade e ausência de ideias preconcebidas. Os argumentos sob a tutela do chapéu branco são objetivos e baseados em dados reais. O comportamento correspondente é de negociação, escuta e tranquilidade — o que poderá desarmar uma explosão emocional do chapéu vermelho.

Chapéu vermelho: a pessoa com o chapéu vermelho comporta-se e pensa tendo como âncora a emoção. Geralmente deixa transparecer em seus gestos e atitudes o que está sentindo. Se está satisfeita e concorda com os pontos de vista do outro, torna-se uma forte aliada.

Quando se deparar com um colaborador de "chapéu vermelho" insatisfeito, terá maiores chances de obter sucesso em seu relacionamento se usar a estratégia do chapéu branco ou a do chapéu azul.

Chapéu amarelo: as atitudes e os comportamentos do pensador do chapéu amarelo revelam otimismo. Quando argumenta e usa perguntas, adota a estratégia especulativa e positiva, sem passar a ideia de discordância ou de imposição de pontos de vista. O chapéu amarelo permite mostrar ao interlocutor o outro lado da moeda — o que pode "dar certo", as oportunidades e possibilidades, neutralizando as barreiras daqueles que só veem o lado mau dos fatos.

Chapéu verde: o chapéu verde faz com que as pessoas transponham bloqueios à criatividade e apresentem ideias inovadoras e revolucionárias. É importante que as lideranças estimulem este tipo de pensamento, apoiando as pessoas que demonstram criatividade. A empresa que inova em suas práticas tem maiores chances de permanecer no atual mercado competitivo. Reconhecer os talentos e apoiá-los, oferecendo recursos e poder de concretização de ideias, é fundamental.

Cabe ressaltar que, antes de usar a estratégia da interatividade, faz-se necessária uma reflexão com o objetivo de descobrir com qual chapéu nos sentimos mais à vontade. Este será aquele que, certamente usamos com mais frequência.

Para liderar pessoas diferentes e manter um bom relacionamento com os liderados, faz-se necessário desenvolver a flexibilidade e transitar caminhos variados.

E então, qual é seu estilo dominante? Qual o chapéu que você mais usa? Você se adaptaria aos outros estilos de chapéus, caso fosse necessário?

Os Seis Chapéus e Sua Aplicação na Área de Vendas

Todos somos vendedores, independente da profissão que escolhemos. Vendemos no dia a dia nossas ideias, nossos projetos e nossa imagem pessoal.

O bom vendedor é um jogador. Usa o jogo dos gestos, das palavras, do olhar, da persuasão e do convencimento na hora certa.

O bom vendedor "dança conforme a música", sabe lidar com diversos tipos de clientes, respeita e procura atender seus sonhos e desejos e tem uma percepção altamente aguçada.

O bom vendedor não vende "gato por lebre", tem seu código de ética bem definido.

Poderia listar vários atributos que compõem o perfil do bom vendedor, talvez até escrever um livro sobre.

Claro! Sou cliente e avalio os vários tipos de compras que já realizei (de produtos ou ideias). Quase sempre, lembro-me de como aconteceram os fatos: o papel do vendedor foi fundamental. Minhas decisões sempre foram tomadas levando em consideração, além da qualidade do produto ou serviço, o bom atendimento e a ajuda que recebi para descobrir minha real necessidade, a forma de persuasão, a postura do vendedor, o respeito às minhas características pessoais, as contra-argumentações em relação a minhas objeções, enfim, as **atitudes** e os **comportamentos** assertivos do vendedor no processo da venda. Já houve, também, casos em que não efetivei a compra em função da forma desqualificante como fui atendida.

Há uma diferença entre **vendedores de sonhos** e **vendedores de ilusões**. Os que vendem sonhos agem de forma interativa e os vendedores de ilusões agem de forma reativa.

A experiência como cliente e como vendedor de ideias encontra na criatividade uma estratégia para interagir com o cliente: a metodologia dos seis chapéus pensantes.

No processo de vendas, lidamos com diversos tipos de pessoas. São individuais, únicas e com necessidades e comportamentos específicos.

Esta é a nossa clientela do dia a dia, com a qual trocamos ideias, projetos, sonhos, mercadorias, produtos e serviços.

Vejamos alguns comportamentos.

Cliente do chapéu azul: o comportamento do cliente do chapéu azul é de controle. Faz as perguntas certas, expõe sua necessidade, ouve, pergunta de forma direta sobre o produto ou serviço; quando faz objeções é claro e exige respostas às suas questões. Passa a impressão de que sabe o que quer.

Cliente do chapéu preto: baseado no pensamento negativo, procura argumentar de forma crítica, pergunta sobre riscos e falhas, levanta situações adversas de outras vendas, procura defeitos e quer a garantia de uma boa compra. Pode dar a impressão de que não quer comprar.

Cliente do chapéu branco: é objetivo, pergunta de forma neutra, clara e direta sobre o produto ou serviço de seu interesse, quando argumenta está livre de ideias preconcebidas. Argumenta sobre fatos e dados. Pode passar a impressão de que não está interessado na compra.

Cliente do chapéu vermelho: torna visível suas emoções e sentimentos no ato da negociação. Provavelmente o vendedor perceberá no cliente com chapéu vermelho se ele está gostando ou não do que vê ou ouve, observando suas expressões faciais, seu tom de voz, seus argumentos, suas hesitações ou gestos afirmativos.

Cliente do chapéu amarelo: as atitudes e o pensamento do cliente de chapéu amarelo são otimistas. Seu comportamento é de curiosidade e suas perguntas têm caráter especulativo-positivo. Procura vantagens na compra e necessita vislumbrar qualquer coisa positiva para si mesmo a curto prazo. O cliente do chapéu amarelo é capaz de ser lógico e prático, além de falar sobre seus sonhos e esperanças. Sua postura é de interesse.

Inventário de Estilos de Pensamento: Seis Chapéus

Cliente do chapéu verde: procura inovações no que se refere a produtos e serviços, é espontâneo, tem linguagem e comportamentos flexivos e provocativos. Provavelmente o cliente do chapéu verde exporá suas ideias e apresentará alternativas como condições de compra.

Imagine um cliente do chapéu preto (aquele que negocia através do pensamento lógico-negativo) sendo atendido por um vendedor com a mesma estratégia. Há chances de a venda não se efetuar ou de o cliente comprar o produto ou serviço, mas não comprar a imagem de qualidade no atendimento.

Neste caso, a estratégia mais apropriada para o vendedor é o uso combinado de três chapéus:

- Branco: uso de dados e informações de forma objetiva e neutra.
- Amarelo: indicação dos benefícios da compra, ressaltando as características diferenciadas do produto ou dos serviços.
- Azul: atenção à fala do cliente e emissão de respostas às dúvidas. Trabalhar as objeções com informações específicas que as contornem.

Se, ao contrário, o cliente se apresenta com o chapéu amarelo (do otimismo), cabe ao vendedor utilizar o mesmo chapéu, reforçando suas expectativas e demostrando todas as vantagens na compra.

A atitude de "ancorar" (entrar no contexto do cliente e reproduzir sua forma de perceber o produto) só é válida para chapéus que indicam tendência à compra.

Contra-argumentar usando o chapéu apropriado é a forma de lidar com o cliente reativo (pouca tendência à compra).

O uso da estratégia dos seis chapéus pensantes, aliado a uma experiência em vendas, possibilita fechamento de negócios.

Se a venda é um ato interativo entre duas pessoas há que se obter a satisfação de ambas as partes.

• • •

Capítulo 7
Inventário: Você é um Líder Coach?

Fonte: Maria Rita Gramigna

A cultura empresarial de líderes formando líderes é uma realidade no mercado brasileiro. Profissionais em função de liderança estão revendo suas competências, realinhando seus perfis e investindo na transição para um perfil de líder coach.

Parte 2 • Ferramentas para as Métricas: Inventários & Simulados

Neste inventário, você terá um retrato de seu estilo e seu potencial de desenvolvimento, para transformar-se em um coach de sua equipe.

Leia atentamente cada frase e marque com um **x** a opção que melhor representa seu jeito de ser. Evite marcar o que acha correto, ou o seu resultado será tendencioso, retratando de forma equivocada o seu perfil.

INDICADORES Estilo 01		Sim	Não	Algumas vezes
1.	Tenho boa percepção para enxergar situações sob a ótica de um observador, sem envolvimento emocional.	( )	( )	( )
2.	Tenho facilidade para compreender o ponto de vista do outro, mesmo quando é diferente do meu.	( )	( )	( )
3.	Sei diferenciar o que é objetivo/meta do que é intenção/desejo.	( )	( )	( )
4.	Percebo quando estou me distanciando de meus objetivos/metas.	( )	( )	( )
5.	Sei diferenciar situações ambíguas daquelas onde o contexto está claro e objetivo.	( )	( )	( )
6.	Na interação com as pessoas, identifico comportamentos reativos e resistências.	( )	( )	( )
7.	Demonstro disponibilidade e dedico tempo às pessoas que me procuram com alguma demanda/problema.	( )	( )	( )
8.	Tenho facilidade para ajudar as pessoas a identificar suas forças, seus pontos positivos e suas limitações.	( )	( )	( )
9.	Sei estabelecer prioridades e tenho facilidade para identificar o que é importante e o que é urgente.	( )	( )	( )

Inventário: Você é um Líder Coach?

| 10. | Consigo perceber quando as pessoas atingem seus objetivos/metas. | ( ) | ( ) | ( ) |

Total (Some 10 pontos para cada marcação na coluna SIM) _____

INDICADORES Estilo 02	Sim	Não	Algumas vezes
11. Tenho facilidade para me colocar no lugar do outro, nas situações do meu cotidiano de trabalho.	( )	( )	( )
12. Acredito que as pessoas têm capacidade para atingir seus objetivos/metas.	( )	( )	( )
13. Possuo capacidade para estimular as pessoas na busca de realizações pessoais e sonhos.	( )	( )	( )
14. Sou reconhecido(a) pelas pessoas como um "bom ouvinte".	( )	( )	( )
15. Sou habilidoso(a) para fornecer feedback, tanto de estímulo quanto o feedback com foco em pontos a serem desenvolvidos.	( )	( )	( )
16. Sou tolerante e compreensivo com pessoas reativas e resistentes.	( )	( )	( )
17. Consigo identificar os "gatilhos" que afetam meu equilíbrio emocional.	( )	( )	( )
18. As interações que faço com as pessoas levam em consideração as suas necessidades.	( )	( )	( )
19. Tenho facilidade e gosto de ajudar os outros.	( )	( )	( )

Parte 2 • Ferramentas para as Métricas: Inventários & Simulados

		Sim	Não	Algumas vezes
20.	Fico satisfeito ao constatar o sucesso dos outros.	( )	( )	( )

Total (Some 10 pontos para cada marcação na coluna SIM) _____

INDICADORES Estilo 03		Sim	Não	Algumas vezes
21.	Sou reconhecido e visto como um(a) profissional que se dedica à pesquisa e busca de conhecimentos.	( )	( )	( )
22.	Adoto o planejamento como um hábito em minha vida.	( )	( )	( )
23.	Tenho facilidade para me fazer entender, sou objetivo(a) nas minhas comunicações.	( )	( )	( )
24.	Consigo perceber contextos e manter a tranquilidade frente a situações de tensão.	( )	( )	( )
25.	Percebo quando uma situação-problema é apresentada de forma pouco objetiva e clara.	( )	( )	( )
26.	Quando me deparo com problemas e desafios tenho facilidade para decidir de forma racional e assertiva.	( )	( )	( )
27.	Minhas decisões resultam em ganhos e conquistas positivas.	( )	( )	( )

Inventário: Você é um Líder Coach?

		Sim	Não	Algumas vezes
28.	Consigo me comunicar de forma direta, objetiva e respeitosa.	( )	( )	( )
29.	Uso regularmente algum recurso para me lembrar do que tenho que fazer durante o dia/semana (agenda, quadros, lembretes, outlook etc.).	( )	( )	( )
30.	Costumo adotar ferramentas de acompanhamento de resultados em meu cotidiano de trabalho.	( )	( )	( )

Total (Some 10 pontos para cada marcação na coluna SIM) _____

INDICADORES Estilo 04		Sim	Não	Algumas vezes
31.	Quando inicio um trabalho/projeto, invisto toda a minha energia e vou até o final.	( )	( )	( )
32.	Sou dedicado(a) e me motivo quando minhas atividades/projetos constituem um desafio pessoal.	( )	( )	( )
33.	Enfrento novas situações e desafios com equilíbrio e persistência.	( )	( )	( )
34.	Ajo com determinação e persistência quando traço um objetivo/meta.	( )	( )	( )
35.	Diante de uma situação desconfortável para mim, busco formas de superar e me adaptar.	( )	( )	( )
36.	Quando me deparo com situações que envolvem problemas/desafios, enfrento-as com firmeza e empenho.	( )	( )	( )

Parte 2 • Ferramentas para as Métricas: Inventários & Simulados

37.	Costumo executar os planos que faço, dentro dos prazos.	( )	( )	( )
38.	Sou reconhecido(a) como um(a) profissional que gera resultados positivos no trabalho.	( )	( )	( )
39.	Obtenho resultados positivos através da ação focada no planejamento.	( )	( )	( )
40.	Sou uma pessoa que gosta de inovar, criar, "colocar a mão na massa" (fazer acontecer).	( )	( )	( )

Total (Some 10 pontos para cada marcação na coluna SIM) _____

Somatório de totais marcados nos quatro estilos _____

Métrica

INTERPRETAÇÃO DO RESULTADO

RESULTADOS

PREENCHA CADA COLUNA COM SUA PONTUAÇÃO, EM CADA ESTILO.

Cada item marcado vale 10 pontos. Máximo 100 pontos.
Somar os pontos da coluna 01, considerando 10 pontos para cada item marcado com "sim".

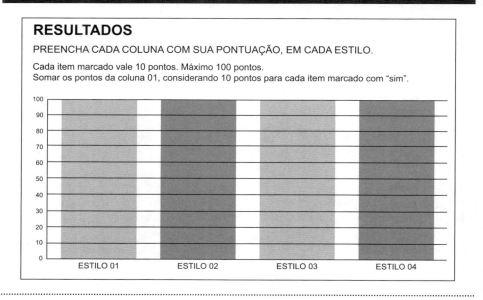

Inventário: Você é um Líder Coach?

ESTILO COACH 01: interação com foco na visão sistêmica, habilidade em analisar contextos.

PONTUAÇÃO

70 a 100 pontos	• Perfil adequado. • Facilidade para perceber contextos. • Identifica necessidades com propriedade. **Potencial de desenvolvimento:** %
50 a 60 pontos	• Perfil adequado. • Boa percepção de contextos. • Consegue identificar necessidades. **Potencial de desenvolvimento:** %
Abaixo de 50 pontos	• Necessidade de investir no perfil de coach. **Potencial de desenvolvimento:** %

Dicas para o Estilo 01:

1. Procure sempre refinar seu perfil de coach.
2. Busque informações.
3. Qualifique-se.

Focar os seus pontos fortes:

1. Visão sistêmica.
2. Percepção.
3. Ferramentas de coaching.
4. Escuta ativa.

ESTILO COACH 02: interação com foco no relacionamento e cuidado consigo e com as pessoas.

PONTUAÇÃO

70 a 100 pontos	• Perfil adequado. • Facilidade para se colocar no lugar do outro. • Habilidade para relacionamentos. **Potencial de desenvolvimento:** %

Parte 2 • Ferramentas para as Métricas: Inventários & Simulados

50 a 60 pontos	• Perfil adequado. • Boa interação com pessoas. • Consegue agir com empatia. **Potencial de desenvolvimento:** %
Abaixo de 50 pontos	• Necessidade de investir no perfil de coach. **Potencial de desenvolvimento:** %

Dicas para o Estilo 02:

1. Procure sempre refinar seu perfil de coach.
2. Busque informações.
3. Qualifique-se.

Focar os seus pontos fortes:

1. Relacionamentos.
2. Comunicação assertiva.
3. Ferramentas de coaching.
4. Escuta ativa.

ESTILO COACH 03: interação com foco em processos, planejamento e tomada de decisão.

PONTUAÇÃO

70 a 100 pontos	• Perfil adequado. • Facilidade para organizar processos, planejar e trabalhar com objetivos e metas. • Identifica rumos, ferramentas e instrumentos de desenvolvimento. **Potencial de desenvolvimento:** %
50 a 60 pontos	• Perfil adequado. • Boa organização. • Consegue planejar os processos e estimular pessoas a buscar o cumprimento de metas/objetivos. **Potencial de desenvolvimento:** %
Abaixo de 50 pontos	• Necessidade de investir no perfil de coach. **Potencial de desenvolvimento:** %

Inventário: Você é um Líder Coach?

Dicas para o Estilo 03:

1. Procure sempre refinar seu perfil de coach.
2. Busque informações.
3. Qualifique-se.

Focar os seus pontos fortes:

1. Planejamento e tomada de decisão.
2. Organização pessoal e objetividade.
3. Ferramentas de coaching.
4. Escuta ativa.

ESTILO COACH 04: interação com foco em resultados e ações empreendedoras.

PONTUAÇÃO

70 a 100 pontos	• Perfil adequado. • Facilidade para se orientar e agir com foco em resultados. • Estimula os outros a atingir metas. **Potencial de desenvolvimento:** %
50 a 60 pontos	• Perfil adequado. • Orientado para resultados. • Consegue atuar com foco em objetivos e metas. **Potencial de desenvolvimento:** %
Abaixo de 50 pontos	• Necessidade de investir no perfil de coach. **Potencial de desenvolvimento:** %

Dicas para o Estilo 04:

1. Procure sempre refinar seu perfil de coach.
2. Busque informações.
3. Qualifique-se.

Focar os seus pontos fortes:

1. Superação de desafios.
2. Fazer acontecer (ação empreendedora).
3. Ferramentas de coaching.
4. Escuta ativa.

• ● •

Capítulo 8
Inventário: Tetragrama

Fonte: Maria Rita Gramigna

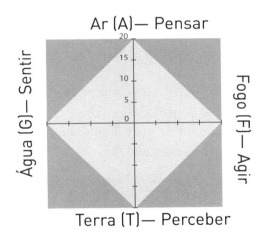

O inventário tetragrama foi aplicado em mais de 30 mil profissionais, desde a década de 1990, com feedback de aprovação dos avaliados.

A base conceitual do tetragrama foi definida a partir do estudo dos perfis psicológicos de Jung, com adaptações ao tema das competências organizacionais. Seu objetivo é identificar o perfil individual de estilo de atuação, tendo como referência quatro indicadores:

- **Estilo T (terra)**: o ponto forte é a percepção (peso nas competências de liderança, foco em resultados, visão sistêmica, tomada de decisão, capacidade de adaptação e flexibilidade).

Parte 2 • Ferramentas para as Métricas: Inventários & Simulados

- **Estilo G (água)**: o ponto forte é a sensibilização para lidar com pessoas em geral (peso nas competências de relacionamento interpessoal, trabalho em equipe, liderança, comunicação e interação, administração de conflitos).

- **Estilo A (ar)**: o ponto forte é a orientação para o planejamento (peso nas competências de planejamento e organização, tomada de decisão, cultura da qualidade).

- **Estilo F (fogo)**: orientado para a ação empreendedora (peso nas competências de criatividade e inovação, liderança).

O resultado indica a tendência pessoal de atuação nos quatro estilos distintos, todos eles são positivos e construtivos, porém a finalidade de sua aplicação é o estilo dominante.

Como preencher:

Marcar com um × (nos parênteses) somente aquelas atividades, habilidades ou características que o avaliado tem e coloca em prática regularmente. O avaliado deve ser orientado a não marcar aquilo que acha correto ou importante, e, sim, o que realmente o retrata.

Comunicação clara.	( )	A
Paciência.	( )	T
Tendência a sonhar acordado(a).	( )	A
Autocrítica e crítica.	( )	A
Age pela sensação (mundo dos sentidos).	( )	T
Facilidade para lidar e compreender teorias.	( )	A
Procura emoções profundas (comportamento inovador, atividades que provoquem emoção e adrenalina, tais como esportes radicais, competições esportivas, trilhas, enduro e outros).	( )	A
Flexibilidade para mudar (facilidade para reconhecer enganos e para mudar de opinião, ideias, planos).	( )	A
Preserva seu espaço — de trabalho e pessoal (chaves nas gavetas, poucos amigos, porém constantes).	( )	T

Inventário: Tetragrama

Constante movimento (vida social movimentada).	( )	A
Age com a razão (costuma pensar e planejar antes de agir).	( )	A
Sensibilidade (apresenta facilidade em expressar emoções).	( )	G
Entusiasmo (adota atitudes e comportamentos entusiastas).	( )	F
Afetividade (demonstra afeição pelas pessoas).	( )	G
Criatividade (ousa, cria, inova).	( )	F
Facilidade para estabelecer amizades profundas.	( )	G
Energia e automotivação.	( )	F
Costuma defender seus pontos de vista.	( )	F
Capacidade de abstração (hábil em decifrar mensagens "por trás das notícias" — percepção do que não está posto na mesa).	( )	A
É decidido(a), tem autoconfiança.	( )	F
Cuidado com o outro (preocupa-se e costuma dar apoio aos outros).	( )	G
É impulsivo(a).	( )	F
Tem facilidade para administrar conflitos.	( )	G
Não gosta que os outros o(a) limitem. Gosta de liberdade.	( )	F
Demonstra impaciência com frequência.	( )	F
Contorna limites — fluidez (sabe contornar problemas, tem "jogo de cintura").	( )	G
Necessidade de se expressar (expressa ideias com facilidade).	( )	F
É generoso(a), desapegado(a).	( )	G
Magoa-se facilmente.	( )	G
Age com o coração (costuma tomar decisões com base nas emoções).	( )	G
Toma decisões com base na intuição frequentemente.	( )	F
Capacidade para realizar e objetivar ideias (geralmente concretiza suas ideias — as transforma em ações).	( )	T
Gosta de tocar ou ouvir regularmente instrumentos de percussão.	( )	T
Aprecia a dança.	( )	G
Usa a cor azul (roupas, móveis, objetos pessoais).	( )	A
Usa as cores vermelho, coral, laranja (roupas, móveis, objetos pessoais).	( )	F

Parte 2 • Ferramentas para as Métricas: Inventários & Simulados

Usa as cores verde-folha, bege, marrom (roupas, móveis, objetos pessoais).	( )	T
Costuma usar a agenda regularmente.	( )	A
É sensível.	( )	G
É prático(a).	( )	T
Gosta de nadar, mergulhar, ficar perto da água (mar, rio ou lagoa).	( )	G
É objetivo(a).	( )	T
É detalhista, minucioso(a).	( )	T
Age com extravagância.	( )	F
Tem facilidade para organizar as coisas.	( )	T
Tem comportamentos excêntricos, diferentes.	( )	F
Gosta de contar histórias e casos.	( )	G
Procura fazer as coisas com perfeição e fica irritado(a) quando não dão certo.	( )	T
Gosta de comidas bem temperadas.	( )	F
Tem costume de fazer caminhadas por puro prazer.	( )	T
Pratica alguma atividade que trabalha a respiração.	( )	A
Cultiva e cuida das plantas.	( )	T
Costuma contemplar a natureza.	( )	G
Pratica algum tipo de arte marcial.	( )	F
Pratica algum esporte.	( )	F
Pratica a arte de modelar em argila.	( )	T
Costuma ministrar palestras ou cursos.	( )	A
Já se deparou olhando o movimento de um rio ou mar.	( )	G
Realiza alguma atividade ao sol.	( )	F
Frequenta regularmente cursos, seminários ou palestras.	( )	A
Tem costume de dançar, brincar, rir. É bem-humorado(a).	( )	F
Costuma preparar a própria comida.	( )	T
Pratica meditação.	( )	A

Inventário: Tetragrama

Cuida de si mesmo (autonomia).	( )	T
Já se deparou imaginando situações engraçadas.	( )	A
Empatia (coloca-se no lugar das pessoas)	( )	G
Valoriza o que faz.	( )	F
Faz alguma atividade corporal (massagem, RPG, outras).	( )	T
É filiado(a) a algum grupo.	( )	A
Gosta de fazer supermercado ou feira.	( )	T
Tem costume de ficar em silêncio por algum tempo.	( )	A
Toma banhos demorados.	( )	G
Curte a intensidade de uma vela ou fogueira.	( )	F
Costuma andar descalço, em contato com a terra.	( )	T
Aprecia instrumentos de sopro (toca ou ouve regularmente).	( )	A
Tem facilidade para memorizar fatos, números, textos.	( )	A
Aprecia músicas mais agitadas, eufóricas.	( )	F
É dedicado(a) ao que faz.	( )	G
Usa as cores verde, azul-claro e/ou branco (roupas, móveis, objetos pessoais).	( )	G
É bom ouvinte.	( )	T
É carinhoso(a) com as pessoas.	( )	G

Some todos os pontos por letra e registre no quadro a seguir:

T =	G =
A =	F =

O aplicador deve transferir o resultado do tetragrama para o gráfico. A seguir, um exemplo com o resultado.

Parte 2 • Ferramentas para as Métricas: Inventários & Simulados

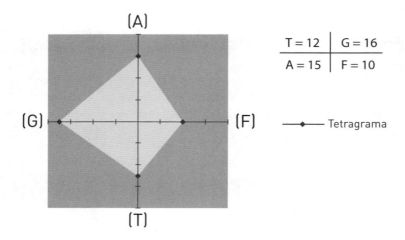

Os Quatro Estilos e a Metáfora dos Quatro Elementos:

T: Terra = estilo voltado para a percepção e o pragmatismo.	**G: Água** = estilo voltado para a sensibilidade e a colaboração.
A: Ar = estilo voltado para o planejamento racional.	**F: Fogo** = estilo voltado para a ação empreendedora.

Métrica — Escala de Pontuação

Para converter a pontuação em níveis de proficiência, use a escala abaixo. A pontuação segue a orientação sugerida na curva normal. O máximo de pontos em cada quadrante é 20.

Número de marcações	Nível
1 a 4	1
5 a 8	2
9 a 12	3
13 a 16	4
17 a 20	5

Representação na curva normal

Nível X modelos de pontuação

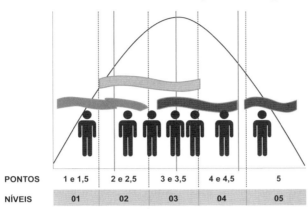

INTERPRETAÇÃO DO TETRAGRAMA

T = Terra

Parte 2 • Ferramentas para as Métricas: Inventários & Simulados

Palavra-chave: percepção

Pessoas que têm índices altos de escolha na letra T — elemento terra — apresentam como característica principal a percepção aguçada pelo uso dos sentidos.

Geralmente possuem facilidade para transformar crises em oportunidades enxergando brechas e pontos positivos nas situações apresentadas. Realidade e ação são conceitos das pessoas de terra. O que não pode ser captado pelos sentidos não existe.

Demonstram firmeza, espírito prático, capacidade para realizar, construir projetos ou patrimônios e mantê-los. São bons administradores. Têm o hábito de demarcar limites e preservar o que conquistaram. Cuidam do que é seu. Apresentam forte habilidade para lidar com o mundo material. Agem com esforço, paciência, obstinação, prudência, inteligência emocional, potência, delicadeza, refinamento. O comportamento cauteloso é uma das características das pessoas de terra.

Persistentes, são batalhadoras quando decidem ir em busca de seus sonhos. Agem com praticidade.

Por outro lado, quando em desequilíbrio, necessitam rever: excesso de preocupação no trabalho, tendência ao conservadorismo, atitudes de dúvida e negação, fixação em regras, egoísmo, isolamento, lentidão, tendência a acumular recursos, controle dos outros, falta de verdadeira empatia, avareza. Perfeccionistas, as pessoas de terra podem até perder o sono preocupadas com algum projeto em vista.

Importância do elemento terra no ambiente empresarial

- Interferência direta em um grande elenco de competências, principalmente naquelas que se referem ao negócio e naquelas que ajudam nos diagnósticos empresariais (planejamento, foco em resultados, relacionamento com o mercado, dentre outras).

- Ampliação da visão sistêmica: percepção de detalhes e do todo organizacional.

- Facilidade para analisar contextos favorecendo a capacidade para elaborar projetos, ideias ou planos.
- Percepção do clima de trabalho através de leituras de comportamentos e atitudes dos colaboradores, pares e superiores.
- Ações de liderança com base na percepção correta dos contextos, fatos e dados, favorecendo a assertividade e a adesão das pessoas aos planos e metas.
- Habilidade para lidar com as crises de forma assertiva, transformando-as em oportunidades de negócio.
- Manutenção da cultura empresarial.
- Empatia no relacionamento interpessoal.
- Persistência e comportamento pragmático.

G = Água

Palavra-chave: sensibilidade

Pessoas que têm índices altos de escolha na letra G — elemento água — apresentam como característica principal a sensibilidade e a facilidade para demonstrar emoções.

A sensibilidade daqueles que são orientados pelo elemento água torna-os próximos e facilitam o estabelecimento de vínculos com as equipes e as pessoas.

Parte 2 • Ferramentas para as Métricas: Inventários & Simulados

Quando há desafios, obstáculos ou problemas a resolver e transpor, as pessoas de água mantêm sua harmonia e agem com fluidez, contornando as situações sem perder a calma.

A generosidade e a entrega são determinantes no relacionamento deste grupo. Geralmente demonstram afetividade e profundidade de afeto com os outros. Devido às suas características, as pessoas de água administram conflitos com facilidade.

Costumam magoar-se facilmente quando suas expectativas se frustram ou são tratadas com agressividade e descaso.

Agem com sensibilidade, compaixão, compreensão, arte, romantismo e reserva.

Por outro lado, quando em desequilíbrio, apresentam tendências pouco assertivas: exageram na fantasia, nos sentimentos. Na carência, as emoções ficam à flor da pele, resultando em indolência, falta de senso de realidade, medo, apreensões, insegurança, sensacionalismo, exagero de proporções, cultivo de tempestades emocionais, pouca simpatia ou pouca compaixão e difícil expressão dos sentimentos.

Importância do elemento água no ambiente empresarial

Na era das máquinas, é necessário resgatar a essência do ser humano, tornando os sentimentos uma fonte de reflexão.

O relacionamento esgarçado nas organizações deve-se, principalmente, à ausência do elemento água que dá sensibilidade às pessoas, quando presente.

Este elemento traz algumas vantagens:

- Interfere de forma positiva nas competências de relacionamento interpessoal, liderança, comunicação, tomada de decisão, administração de conflitos, criatividade e inovação, cultura da qualidade, dentre outras.
- Minimiza climas tensos.
- Torna as pessoas mais maleáveis e empáticas.

- Maximiza os trabalhos em equipe.
- Aproxima lideranças de liderados e pares.
- Estimula a motivação do grupo a manter o clima harmonioso.
- Promove a qualidade nas relações de trabalho.
- Evita boicotes e outros comportamentos pouco assertivos das equipes ou lideranças.

A = Ar

Palavras-chave: comunicação inteligente e planejamento

Pessoas que têm índices altos de escolha na letra A — elemento ar — apresentam como característica principal a boa comunicação e a facilidade para elaborar planos.

Inquietas e sociáveis, aderem a mudanças com facilidade e gostam de movimento. Sua flexibilidade permite que se ajustem a situações de toda ordem com pouco esforço.

Racionais, apresentam boa capacidade de análise, são críticas e tendem a julgar os outros e a si mesmas. Adotam o planejamento como guia em suas ações e estabelecem objetivos e metas pessoais e no trabalho.

Gostam de acompanhar os planos. Podem adotar atitudes imparciais quando houver interesse. Veem o mundo sob uma perspectiva lógica e tendem a buscar objetividade no que fazem. Têm facilidade para estabelecer contatos com os outros e alguma dificuldade em manter vínculos.

Principais atributos: inteligência, reflexão, estudo, ciência, invenção, sutileza, sinceridade, mudança. Conseguem estabelecer relação entre os fatos. Neste elemento, a ênfase reside no pensamento abstrato, teorias e ideias. A consciência aqui está direcionada para uma abordagem e assimilação mais lógica e objetiva dos acontecimentos observados e vivenciados.

Tendências positivas e naturais do temperamento ar quando em equilíbrio: cooperação, espírito gregário, inteligência, rapidez, objetividade, ideias balanceadas.

Quando em desequilíbrio: superficialidade, hiperatividade, nervosismo, dispersão, excesso de autoridade e falta de cooperação.

Importância do elemento ar no ambiente empresarial

No momento em que as mudanças são velozes e presentes no cenário empresarial, as pessoas do elemento ar são necessárias para influenciar o ambiente de inovação. Com a facilidade para efetivar comunicações de forma eficiente e planejar de forma racional e concreta, o elemento ar, quando presente nas equipes, faz com que a tendência seja:

- Adoção de comportamento assertivo, voltado para resultados e possibilidades de compartilhar metas e objetivos organizacionais.
- Fortalecimento e adesão das pessoas a ideias inovadoras.
- Formalização de planos com objetivos e metas.
- Expansão da cultura da flexibilidade e da democracia.
- Ambiente favorável a mudanças.

F = Fogo

Palavras-chave: fazer acontecer, empreender.

Pessoas que têm índices altos de escolha na letra F — elemento fogo — apresentam como característica principal a capacidade de correr riscos calculados e de fazer acontecer.

Sua energia entusiástica, vitalidade e autoconfiança alavancam comportamentos empreendedores. A facilidade de expressão reunida com a decisão torna as pessoas do elemento fogo excelentes "tocadoras de projetos".

Por serem impacientes e não suportarem limites, gostam do novo e da aventura.

Sua identidade é forte e raramente vê-se uma pessoa orientada pelo elemento fogo com "baixo-astral" por muito tempo. Geralmente aprendem com os erros, dão a volta por cima e recomeçam de onde pararam.

Sua coragem e amor à vida servem de norte às ações. Impulsivas, estão sempre às voltas com um empreendimento e quase nunca param.

Características: fé em si mesmo, decisão, vontade, criatividade, iniciativa, liberdade, idealismo e coragem.

Quando em desequilíbrio, precisam melhorar: excesso de otimismo, inquietação, egoísmo, desejos óbvios e imediatos, expectativas exageradas, impaciência, atropelo, cólera, agressividade, desconsideração, combatividade, orgulho, ambição, prepotência e megalomania.

Importância do elemento fogo no ambiente empresarial

As pessoas do elemento fogo fazem acontecer e não deixam a organização a reboque das inovações. Estão permanentemente plugadas com o que ocorre no entorno e são responsáveis por:

- Fazer acontecer.
- Implantar inovações.
- Buscar resultados pela ação.
- Manter a energia da equipe.
- Aderir a empreendimentos internos.
- Renovar.

ALGUNS ESTILOS A PARTIR DO RESULTADO DO TETRAGRAMA

Cachorro correndo atrás do próprio rabo

- Boa percepção, sensibilidade, capacidade para planejamento e decisão. Ampliar ação.

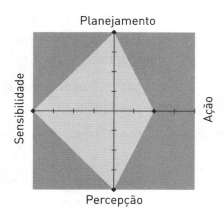

Premissa: deixe para amanhã o que pode fazer hoje.

Trator

- Boa percepção, boa capacidade de planejamento e decisão, boa ação.
- Necessita cuidar do quadrante da sensibilidade.

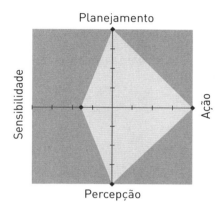

Premissa: fazer a qualquer custo.

Mistério

- Boa percepção e boa capacidade de planejamento.
- Ampliar sensibilidade e ação.

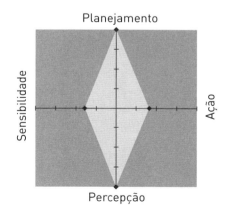

Premissa: não vou me arriscar.

Bomba

- Estilo "bateu-levou".
- Carência de percepção e de capacidade para planejar ações.
- Sensibilidade e ação disponíveis.

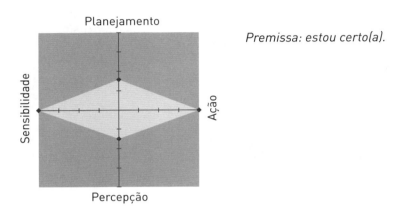

Premissa: estou certo(a).

Sofredor

- Estilo "sofredor".
- Carência de percepção e ação.
- Sente, pensa em algo (não o faz) e sofre por não ver o problema resolvido.

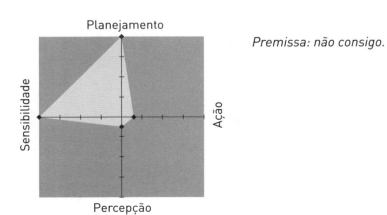

Premissa: não consigo.

Jogador

- Estilo "jogador".
- Carência de sensibilidade e planejamento.
- Percebe e age.
- O resultado é uma loteria — depende da sorte e pode "dar zebra".

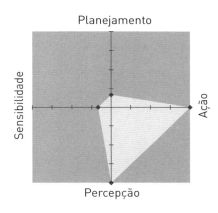

Premissa: tenho que agir rápido.

Acanhado

- Apresenta pontuação harmoniosa nos quatro quadrantes, entretanto necessita ampliar o domínio em cada um.

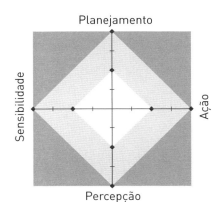

Premissa: quero passar despercebido(a).

Assertivo

- Estilo integrado.
- Domina os quatro quadrantes.

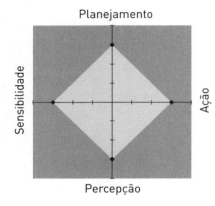

O estilo assertivo é aquele que apresenta os quatro itens em harmonia e com marcação na média ou acima dela.

Capítulo 9
Simulados

Os simulados englobam atividades vivenciais que reproduzem cenários, onde as pessoas demonstram os indicadores das competências em ação.

Estas atividades envolvem:

- Jogos empresariais.
- Dinâmicas de grupo.
- Exercícios práticos.
- Discussões orientadas.
- Painéis e fóruns de conclusão.

Este momento é muito importante para o avaliador. Através da prática, consegue-se observar as pessoas em ação, junto com a equipe avaliada, e permite comparações de performances, o que facilita a mensuração.

Sugere-se que este momento seja logo após a aplicação dos inventários selecionados e que a duração das atividades seja, no mínimo, de quatro horas.

É importante que o avaliador determine um número mínimo de **seis pessoas** e máximo de **doze** para participar do simulado.

É recomendado trabalhar em duplas de avaliadores. Uma pessoa se responsabiliza pela aplicação das atividades e a outra pelo registro dos comportamentos individuais dos avaliados.

Este registro envolve todos os comportamentos em cada atividade aplicada. Neste momento, o avaliador preocupa-se somente em registrar tudo que vê, identificando as pessoas. O uso de formulários de registro é adequado.

POSTURA DOS AVALIADORES

É importante atentar para alguns itens, no momento de aplicação do simulado.

- Escuta e isenção são fundamentais.
- Neutralidade nas ações: evitar sorrisos fora de hora, caretas, gestos e sinais entre os observadores etc.
- Discrição no uso de roupas, nos movimentos, nas falas e nos momentos de anotações.
- Uso de empatia e cortesia com os avaliados.
- Manutenção da postura de tranquilidade.

Ao planejar as atividades simuladas, um modelo didático permite obter o máximo possível de informações.

Nossa sugestão é a aplicação de quatro atividades:

- Uma dinâmica de inclusão e apresentação (em torno de 45 minutos).
- Um jogo de empresa ou dinâmica que permita verificar os indicadores de competências do perfil (duas horas).

- Uma atividade complementar (45 minutos).
- Uma dinâmica de encerramento que permita feedback entre os participantes (trinta minutos).

MODELO DIDÁTICO PARA SIMULADOS

Resumo

Objetivo do simulado: coletar dados sobre o perfil de competência a ser verificado e/ou desenvolver competências.
Principal vantagem: observar o comportamento atual dos participantes.
Quantidade de participantes: avaliação — de seis a doze pessoas.
Duração: variável (mínimo de quatro horas).
Profissionais envolvidos: facilitador e observador.
Importante: planejar de acordo com o modelo didático.

FORMULÁRIOS PARA REGISTRO DE RESULTADOS

Fonte: Maria Rita Gramigna

Os avaliadores observam os participantes em ação e registram todos os comportamentos que chamarem a atenção, em cada atividade oferecida (positivos ou negativos).

Exemplo 01— Formulário para Registro de Comportamentos Observados em Cada Atividade

Empresa:	
Data de avaliação:	
Atividades:	
Participantes	Comportamentos observados

Exemplo 02 — Formulário que Reúne Todas as Atividades de um Simulado

Empresa:				
Data de avaliação:				
Participantes	Atividades			
	Inclusão	Jogos	Painéis	Dinâmicas

Observações:

Para pontuar as performances de cada participante do processo, o avaliador utiliza a descrição das árvores (desdobradas em seus indicadores: habilidades, conhecimentos e atitudes), posicionando as pessoas na curva normal, em cada uma das competências do perfil.

A pontuação segue as sugestões da curva normal.

Nível X modelos de pontuação

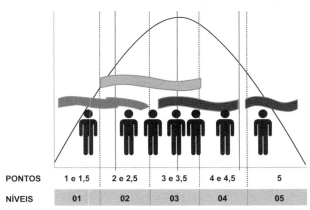

Observação importante: uma forma de desempate (quando mais de um avaliado alcança a mesma pontuação) poderá ser a definição de pesos para cada uma das competências do perfil, com o auxílio do gestor da área solicitante.

• • •

Capítulo 10
Atividades para Simulados

ATIVIDADE DE INCLUSÃO E APRESENTAÇÃO: BRASÃO PESSOAL

Fonte: Maria Rita Gramigna

Aplicabilidade: processos de avaliação de competências.

Número de participantes: de seis a doze.

Material necessário:

- ½ folha de cartolina.
- Giz de cera.
- Canetas hidrocor de ponta grossa.
- Tesouras.
- Cola branca.
- Papel para recortar em diversas cores.
- Lápis e borracha.
- Slides com orientações para a atividade.
- Slides ou cartaz com significado da heráldica.
- Material do avaliador: formulário de registro de comportamentos.

Objetivo: oferecer espaços para os avaliados se apresentarem e observar suas colocações.

Distribuição do tempo:

- Quinze minutos de preparação dos brasões.
- Três minutos para cada participante se apresentar (cronometrar).

Desenvolvimento:

- Dar as boas-vindas.
- Apresentar o programa do simulado.
- Apresentar as competências do perfil (nomes das mesmas).
- Informar que este é um momento de apresentação dos avaliados.
- Informar o tempo de planejamento e de apresentação.
- Passar os slides de orientação.

Atividades para Simulados

Slide 01

Atividade: Brasão Pessoal.

Slide 02

A heráldica.

Os escudos heráldicos representavam os escudos de guerra, onde os combatentes pintavam suas armas para serem facilmente identificados.

Brasão deriva do alemão, *blasen* , "o som da trombeta de guerra ou o ato de fazê-la soar".

Os brasões tiveram as suas origens em atos de coragem e bravura efetuados por grandes cavaleiros. Eram uma maneira de homenageá-los e as suas famílias.

Com o passar do tempo, como era um ícone de status, passou a ser conferido às famílias nobres no intuito de identificar seu grau social.

Somente os heróis ou a nobreza possuíam tal ícone e o poderiam transmitir a seus descendentes.

Slide 03

O significado das cores nos brasões.

Azul: generosidade.

Vermelho: guerreiros bem-sucedidos em guerras.

Verde: esperanças futuras.

Preto: perdas.

Púrpura: nobreza.

Prata/cinza-claro: pureza.

Ouro/amarelo: generosidade, mente elevada, inteligência.

Slide 04

Cenário.

Você foi reconhecido(a) como uma pessoa nobre, brava e corajosa.

Foi agraciada com a oportunidade de confeccionar seu brasão pessoal.

Este brasão será a marca registrada de seus feitos.

Vamos à ação?

Parte 2 • Ferramentas para as Métricas: Inventários & Simulados

---

Slide 05

Use o material disponível para confeccionar seu brasão pessoal.

Escolha o modelo e divida o espaço em três.

Em cada espaço, escolha um ou mais de um símbolo que retrate os feitos abaixo:

Minhas realizações e feitos do passado.

Minhas realizações e feitos do presente.

Minhas realizações e feitos que pretendo no futuro.

Tempo: quinze minutos.

Enfeite e coloque cor em seu brasão, personalizando-o.

Coloque seu nome e uma frase abaixo que simbolize seu jeito de ser.

Prepare-se para apresentar no palco.

Slide 06

O tempo será marcado com seis músicas.

O que registrar nas apresentações:

- Postura pessoal: firmeza, tom de voz, objetividade, uso adequado do tempo.

- Resultado da atividade: qualidade do brasão, conteúdo compatível com as orientações.

- Conteúdo do brasão: exposição pessoal, entendimento do que foi solicitado, forma de comunicação e criatividade no uso dos recursos.

- Outras observações que julgar importantes.

Atividades para Simulados

ATIVIDADE JOGO DE EMPRESA: OFICINA DA EXCELÊNCIA

Fonte: Maria Rita Gramigna

Aplicabilidade: processos de avaliação de competências.

Número de participantes: de seis a doze.

Material necessário:

- Cinco folhas de cartolina.
- Giz de cera.
- Canetas hidrocor de ponta grossa.
- Tesouras.
- Cola branca.
- Papel para recortar em diversas cores.
- Lápis e borracha.
- Slides com orientações para o jogo.

Parte 2 • Ferramentas para as Métricas: Inventários & Simulados

- Cartaz com reprodução dos slides para uso dos avaliados.
- Material do avaliador: formulário de registro de comportamentos.

Objetivo: oferecer espaços para os avaliados colocarem as competências do perfil em ação e observar suas performances.

Tempo: duas horas.

Desenvolvimento:

- Apresentação do jogo e demonstração dos materiais disponíveis: dez minutos.
- Planejamento e execução das metas: sessenta minutos.
- Apresentação de resultados: vinte minutos.
- Painel de discussão (Ciclo da Aprendizagem Vivencial — CAV): três minutos.
- Apresentar os slides de orientação.
- Marcar o tempo para as atividades.

Slide 01

Atividade: jogo de empresa — oficina da excelência.

Slide 02

Demanda.

Nossa empresa fabrica produtos para festas, caixas e jogos. Estamos definindo um produto para ser nosso carro-chefe, que deverá impulsionar as vendas para um cliente VIP.

Este cliente possui uma rede de lojas de varejo e quer novidades.

Vocês fazem parte da equipe que vai preparar nosso produto para ser apresentado a este cliente.

Temos um grande desafio pela frente!

Atividades para Simulados

Slide 03

Cenário.

Nome da empresa: Cia. da Alegria.

Principais produtos: máscaras, caixas, fantoches e jogos de tabuleiro.

Nosso desafio:

Escolher, entre as quatro linhas de produtos, somente um para apresentar ao cliente, como nosso "carro-chefe".

Apresentar o produto escolhido ao cliente, cumprindo as metas de produção, no prazo estabelecido.

Slide 04

Desafio.

Apresentar o produto ao cliente VIP.

O facilitador será o cliente e estará fora do país durante sessenta dias (o equivalente a sessenta minutos) e fará contatos por e-mail, no *flip chart*.

O grupo deverá se organizar, escolher o produto, planejar a produção, executar as metas e se preparar para atender ao cliente VIP.

O grupo terá plena autoridade para administrar o processo, sem interferência do facilitador nas decisões tomadas.

Slide 05

Metas.

Redefinir a missão da empresa que até hoje foi: fabricar enfeites, brinquedos e adereços para festas.

Sugerir um novo nome, criar o logotipo e o slogan.

Criar um jingle para veiculação na mídia.

Confeccionar uma placa com o nome das pessoas responsáveis pelos produtos. (Medidas: 30cm X 10cm).

Confeccionar seis produtos da linha "carro-chefe" para apresentar ao cliente VIP.

Preparar uma apresentação criativa com o objetivo de encantar o cliente e favorecer as vendas.

Parte 2 • Ferramentas para as Métricas: Inventários & Simulados

---

Slide 06

Permitido: buscar recursos fora da empresa, usar e abusar da criatividade, comunicar-se de todas as formas possíveis.

Proibido: ultrapassar o tempo de produção: sessenta dias = sessenta minutos.

<u>Atenção:</u> a cada minuto de atraso na entrega dos produtos, a empresa perde três pontos.

ITENS	PONTOS	CRITÉRIOS DE QUALIDADE
1. Missão	30	Registrada em um cartaz, letras na cor preta, borda vermelha e logotipo no canto superior.
2. Novo nome	10	Criativo, fácil de memorizar e ligado ao negócio.
3. Logotipo	10	Três cores vivas, impactante, qualidade na apresentação, ligado à missão, lembrando o negócio.
4. Placa	30	Medidas de 30cm X 10cm, com contorno em vermelho. Letras na cor preta. Deve ficar em pé. A placa deve ter o nome de todos os participantes da empresa.
5. Slogan	10	Curto, marcante, ligado ao produto.
6. Jingle	20	Curto, todos devem cantar.
7. Produtos	60 (10 cada)	Cores vivas, logotipo em todos eles, impactantes, estética agradável e bonita.
8. Apresentação	30	Os produtos devem ser apresentados em forma de esquete com, pelo menos, três pessoas atuando caracterizadas.
9. Pontuação geral	200	

Terminado o tempo de confecção dos produtos, o facilitador no papel de cliente pontua as atividades de acordo com os critérios de qualidade.

Os avaliados deverão fazer um quadro e proceder à autoavaliação, antes de tomar conhecimento do resultado de avaliação do cliente.

Resultado: para aprovar o projeto, o resultado deve atender a pelo menos 80% dos critérios de qualidade (160 pontos).

Como fechar o jogo, após a pontuação e revelação do resultado pelo cliente.

- Geralmente, o resultado é positivo e o cliente fecha a compra dos produtos. Entretanto, se algum critério de qualidade não for obedecido, retirar pontos (poucos) e alertar para o fato.

- Comparar a avaliação dos participantes com a avaliação do cliente (item a item e informar a decisão). Geralmente o grupão aplaude e demonstra alegria.

- Aproveitar este momento e pedir que façam uma roda (em pé).

Etapas Pós-Vivência do Jogo

Relato de sentimentos

1. Mostrar diversas expressões de sentimentos (podem ser figuras ou palavras) espalhadas no chão, pedindo para se posicionar perto do sentimento mais marcante que tiveram durante o jogo.

2. Recolher os cartazes que não foram usados e ficar com os mesmos na mão.

3. Pedir que façam um círculo de cadeiras, onde as pessoas que escolheram os mesmos sentimentos sentam perto umas das outras.

4. Falar sobre o clima de trabalho (a partir dos sentimentos que eles escolheram): se foram sentimentos agradáveis, ressaltar que um clima positivo de trabalho favorece resultados positivos. Caso apareçam sentimentos desagradáveis, dar a palavra às pessoas que os escolhe-

ram e perguntar se querem falar sobre o sentimento e em que ele impactou no desenvolvimento das metas.

Ponte entre relato e processamento

1. Perguntar se as outras pessoas querem falar sobre seus sentimentos. O que pode acontecer nesta hora: as pessoas já começam a processar o jogo falando das dificuldades (*se o sentimento foi desagradável*) ou das facilidades (*se o sentimento foi agradável*). Um exemplo: eu senti PARCERIA (um dos sentimentos do caródromo) porque as equipes se ajudaram, ou porque fizemos um trabalho integrado.

2. Quando a fala for mais geral, perguntar em que momentos ele (ou ela) sentiu que as equipes estavam integradas (explorando sempre a fala do grupo, com empatia).

Ponte entre processamento e generalização

Após alguns participantes relatarem dificuldades e facilidades, o facilitador poderá aproveitar a deixa e já entrar na fase da generalização, perguntando como isso acontece nas empresas em geral (citar o que eles falaram sobre o jogo). Por exemplo, se alguém falar que o time se superou, que o resultado foi ótimo, que todos ficaram felizes etc., perguntar como isso acontece nas empresas, quando há um desafio que deve ser superado pelas equipes. Deixar que as pessoas se manifestem.

Retorno ao processamento

Retornar ao processamento perguntando se eles identificaram pessoas que ajudaram e favoreceram o cumprimento das metas e a venda ao cliente. Geralmente eles ficam um pouco tímidos para apontar quem ajudou. Use o recurso do reforço dizendo que um bom profissional sabe identificar talentos e potenciais nas equipes onde atua (o reforço faz com que eles se manifestem).

Para encerrar o painel — ponte entre a identificação de pessoas que ajudaram no jogo

1. Poderá ser feita uma pergunta final sobre "como cada pessoa que está nesse processo lida com a identificação de talentos em suas equipes (para aqueles que já ocupam posição de liderança) e aqueles que não ocupam, como agirão caso se deparem com desafios semelhantes ao jogo e como pensam em lidar com suas equipes de trabalho.

2. Fechar parabenizando o grupo pela participação.

O que Observar e Registrar

Durante o jogo:

- Iniciativas: pessoas que iniciam a ação, que propõem, que decidem, que planejam e que se comunicam com outras pessoas e equipes formadas.

- Estilo de liderança: forma como participam nas atividades, nível de comprometimento e contatos com o cliente.

- Outras observações que chamarem atenção.

Durante o painel de discussão:

- Quem foi apontado como a pessoa que ajudou no alcance dos resultados.

- Pessoas que participaram com suas análises.

- Conteúdo das análises.

Para cada competência avaliada, seguir a orientação do quadro de níveis para pontuar cada participante.

Os indicadores estão descritos nos quadros das competências (desdobrados em habilidades, conhecimentos e atitudes).

Parte 2 • Ferramentas para as Métricas: Inventários & Simulados

NÍVEL 1 Pontuação entre 1 e 1,5	NÍVEL 2 Pontuação entre 2 e 2,5	NÍVEL 3 Pontuação entre 3 e 3,5	NÍVEL 4 Pontuação entre 4 e 4,5	NÍVEL 5 Pontuação 5
Não apresentou a competência ou apresentou dificuldades na maioria dos indicadores.	Apresentou a competência com pouco domínio e dificuldades em alguns indicadores.	Apresentou a competência com médio domínio, sem se destacar do grupo.	Apresentou bom domínio na competência.	Apresentou com pleno domínio, destacando-se do grupo.

Usar sempre como referência a curva normal.

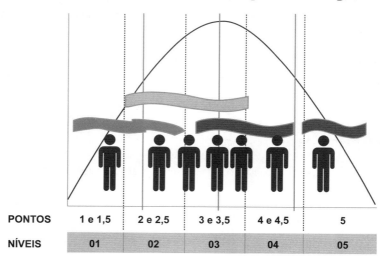

Atividades para Simulados

ATIVIDADE COMPLEMENTAR: CASO DA PONTE

Fonte: desconhecida

O caso da ponte é uma atividade que permite verificar formas de pensamento, tomada de decisão e como cada pessoa se posiciona no grupo quando se depara com valores e posições diferentes das suas.

Objetivos:

- Observar a capacidade de ouvir das pessoas.
- Verificar a flexibilidade de pensamento e mudança de posição frente a argumentos.
- Encerrar processos seletivos com clima de harmonia.
- Observar o nível de percepção das pessoas.

Aplicabilidade: encerramentos de processos seletivos.

Tempo estimado: em torno de trinta minutos.

Número de participantes: de seis a doze pessoas.

Material necessário:

- Slides com o caso da ponte.
- Uma cópia para cada participante.

Disposição do grupo: em círculo, sentados em cadeiras, sem mesas.

Desenvolvimento:

- O facilitador informa as etapas da atividade e o tempo.
- Apresenta o slide com o caso da ponte.
- Marca cinco minutos para as escolhas individuais.
- Marca quinze minutos para debate e consenso.
- Explica que o consenso é a concordância de todos com determinada posição. Votação não é consenso.

Ciclo da Aprendizagem Vivencial (CAV):

Na roda:

- Como estão se sentindo com o resultado da discussão?
- Quem mudou sua posição inicial ao ouvir o grupo?
- Qual é a conclusão sobre a atividade?

Atividades para Simulados

Slide único (cópia para cada participante).

A ESCOLHA
O CASO DA PONTE

João era casado com Maria e se amavam.

Depois de um certo tempo, João começou a chegar cada vez mais tarde em casa.

Maria se sentiu abandonada e procurou Paulo, que morava do outro lado da ponte. Maria voltava para casa sempre antes de o marido chegar.

Um dia, quando voltava, encontrou um bandido, atacando as pessoas que passavam na ponte. Ela correu de volta para a casa de Paulo e pediu proteção. Ele respondeu que não poderia ajudá-la e que o problema era dela. Ela, então, procurou um amigo. Este foi com ela até a ponte, mas acovardou-se diante do bandido e não teve coragem de enfrentá-lo.

Resolveram procurar um barqueiro mais abaixo no rio. Este aceitou levá-la por R$80, mas nenhum dos dois tinha dinheiro. Insistiram e imploraram, mas o barqueiro foi irredutível. Aí voltaram para a ponte e o bandido matou Maria.

Quem tem mais culpa?

Decida e indique, com números de 1 a 6, a escala do mais culpado ao menos culpado.

Maria ⁞ João ⁞ Paulo ⁞ Bandido ⁞ Amigo ⁞ Barqueiro

Parte 2 • Ferramentas para as Métricas: Inventários & Simulados

ATIVIDADE DE ENCERRAMENTO: FEEDBACK DAS CORES
Fonte: Maria Rita Gramigna

Base conceitual: livro *Seis Chapéus do Pensamento*, de Edward De Bono.

Edward de Bono idealizou a "metáfora do chapéu". Coloriu cada um deles, dando significados específicos que indicam tendências pessoais na forma de agir.

O feedback das cores é uma vivência que promove a oportunidade de fornecer e receber feedback de qualificação; com criatividade e objetividade, as pessoas têm aprovado sem restrições a abordagem proposta na simulação.

A técnica apresenta algumas características positivas:

- É rápida.
- Todos participam.
- Tem como resultado um bem-estar geral e um clima de harmonia.

Atividades para Simulados

- É adequada para encerramento de processos seletivos.
- Permite ao selecionador obter a visão das pessoas do grupo sobre cada avaliado.

Objetivos:

- Promover a oportunidade de dar e receber feedback de qualificação.
- Encerrar processos seletivos com clima de harmonia.
- Observar o nível de percepção das pessoas.

Aplicabilidade: encerramentos de processos seletivos.

Tempo estimado: em torno de trinta minutos quando a atividade for realizada com feedback simultâneo, podendo chegar a quarenta ou cinquenta minutos se o feedback for individual.

Número de participantes: entre vinte e trinta.

Material necessário:

- Slides com roteiro e significado de cada chapéu.
- Tiras de TNT (tecido não tecido) nas seis cores dos chapéus (em torno de quinze pedaços de cada cor).
- Música de fundo (*Conquista do paraíso* — CD 1492 — Vangelis).
- Sonorização.

Disposição do grupo:

Uma cadeira posicionada em frente a um semicírculo de pessoas, sentadas em outras cadeiras.

Desenvolvimento:

- O facilitador faz um breve comentário sobre o término do momento simulado.
- Chama a atenção para as qualidades que todo ser humano possui.
- Apresenta os slides com o roteiro dos seis chapéus.

Parte 2 • Ferramentas para as Métricas: Inventários & Simulados

- Pede um voluntário para vir à frente e se sentar na cadeira colocada em frente ao semicírculo.

- Informa que vai colocar uma música e que a pessoa deve fechar os olhos.

- O avaliado recebe de cada pessoa uma fita colorida, na cor predominante em que foi visto pelos colegas.

- Cada pessoa deve ser enfeitada com uma cor oferecida pelos colegas.

- O número de fitas coloridas deve ser o correspondente ao número de participantes, menos um.

- Ao final dos feedbacks coloridos, o facilitador desliga o som, pede que abra os olhos, conte as fitas e coloca a cor que mais apareceu na cabeça (como uma bandana).

- A seguir, outra pessoa se senta na cadeira à frente e tudo se repete. O procedimento se repete até que todos tenham recebido feedbacks dos colegas.

- Quando todos tiverem recebido os feedbacks, o facilitador faz uma roda e pede que as pessoas com cores iguais se posicionem perto umas das outras. Se houver empate de cores, a bandana terá as cores repetidas.

Ciclo da Aprendizagem Vivencial (CAV):

Na roda, quem quiser poderá comentar sobre as cores recebidas: se coincidiram com a autopercepção, se apareceu alguma cor que não foi bem-aceita, se houve concentração em uma das cores etc.

Slide 01

Feedback das cores

Fonte: livro *Seis Chapéus do Pensamento*, de Edward De Bono.

Slide 02

Vamos usar a metodologia dos seis chapéus para fornecer feedback às pessoas.

Atividades para Simulados

Slide 03

Atividade.

Uma pessoa vai à frente e senta-se na cadeira disponível.

Esta pessoa receberá uma fita de cada colega, correspondente ao seu jeito de ser.

Cada pessoa sentada recebe somente uma fita colorida de cada participante. Conta e registra o número de fitas recebidas.

Slide 04

Chapéu preto
**CAUTELA,
 CUIDADO**

Chapéu vermelho
**EMOÇÃO,
 SENSIBILIDADE**

Chapéu branco
**NEGOCIAÇÃO,
 TRANQUILIDADE**

Chapéu verde
**CRIATIVIDADE,
 ESPONTANEIDADE**

Chapéu azul
**ORGANIZAÇÃO,
 PLANEJAMENTO**

Chapéu amarelo
**ENERGIA,
 MOTIVAÇÃO**

Fechamento pelo facilitador

Curiosidades sobre a técnica

As cores vermelho, verde e amarelo representam pessoas mais sensíveis, criativas, espontâneas e estimuladas pelas funções do hemisfério direito do cérebro.

As cores azul, preto e branco representam pessoas mais racionais, com senso crítico aguçado, com facilidade para planejar e analisar. Cores estimuladas pelas funções do hemisfério esquerdo do cérebro.

Comentário final

Todas as cores representam comportamentos, habilidades e atitudes essenciais no cotidiano de um bom profissional. É importante saber como cada um é visto e trabalhar aquelas cores ausentes.

O que observar:

- Cor predominante.
- Comparação do feedback da turma com o resultado do inventário (verificar coerência entre percepção do grupo e autopercepção).

Métrica

Por tratar-se de atividade com fins de feedback, esta é aplicada no momento de encerramento do processo e não é pontuada.

Entretanto, o avaliador deverá registrar os resultados de cada participante, usando a informação no momento da entrevista de retorno.

O estilo dominante de pensamento deve ser registrado na ficha final de dados do candidato.

. • .

Parte 3 • Entrevista por Competências

Capítulo 11
Metodologia STAR

Base: árvore das competências
Fonte: Maria Rita Gramigna

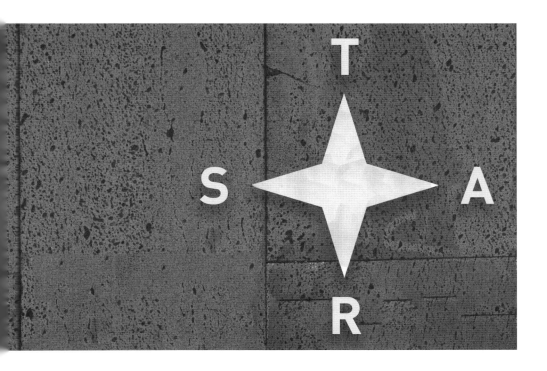

A Metodologia STAR apoia o entrevistador no momento de verificar o nível de experiência, domínio ou dificuldade nas competências definidas no perfil. Tendo como suporte a árvore das competências (desdobramento em atitudes, conhecimentos e habilidades), a entrevista realizada através da metodologia

Parte 3 • Entrevista por Competências

STAR é simples e útil: agrega valor aos processos de seleção e/ou de avaliação de potencial.

Baseada na experiência vivida pela pessoa, o entrevistador tem uma visão geral do comportamento pregresso na competência em evidência.

Faz-se necessário preparar as perguntas com antecedência, sendo que, para cada competência sondada, a sigla STAR deverá ser roteirizada. Na hora da entrevista, a estrela precisa ser percorrida de ponta a ponta, independente da ordem das perguntas. Usa-se o termo "girar a estrela" para definir estes passos.

ESTRUTURA DA METODOLOGIA STAR	
S = Situação O que aconteceu? Onde aconteceu? Como aconteceu? Quando aconteceu? Quem estava envolvido?	**T = Tarefa** Indica o nível de responsabilidade, o papel exercido na situação. Qual era seu papel? O que você devia fazer? Para que fazer tal coisa? Que resultados eram esperados de você?
A = Ações O que você fez? Como fez? Como foram as ações? O que os outros fizeram?	**R = Resultado** Qual é o efeito de sua ação? De que forma percebeu os resultados (indicadores)? Como soube dos resultados? O que ocorreu depois?

ROTEIRIZAÇÃO STAR

- A forma de fazer as perguntas deve ser adaptada à sua linguagem e à linguagem do candidato, obedecendo às exigências da metodologia STAR: informações sobre **situações reais**, **papel**, **ações** e **resultados obtidos.**

- Lembre-se sempre de **girar a estrela**.

- Em cada competência há mais de uma pergunta sugerida. Escolha o número de perguntas que permita sondar a experiência do candidato e as mais adequadas à situação.

Elenco de Competências e Sugestões de Roteiro para "Girar a Estrela"

01. Capacidade de adaptação e flexibilidade

Habilidade para adaptar-se oportunamente às mudanças e diferentes exigências do meio, sendo capaz de rever sua postura frente a novas realidades.

1. (Situação) Quais as mudanças mais significativas que você implementou na sua vida profissional?

2. (Situação) Conte sobre rotinas que tenham sido modificadas por sugestões suas, como foi?

3. (Situação) Conte sobre alguma situação que você tenha sugerido com sucesso alguma mudança no seu setor.

4. (Situação) Conte sobre alguma ideia criativa e diferente que tenha trazido retorno positivo para sua área.

(Tarefa e ações) Você pode especificar qual é o seu papel neste exemplo e citar as principais ações aplicadas.

(Resultados) Como foram os resultados destas ações? Você conseguiu alguma forma de medir estes resultados? Cite.

02. Comunicação e interação

Capacidade para interagir com as pessoas apresentando facilidade para ouvir, processar e compreender a mensagem. Facilidade para transmitir e argumentar com coerência e clareza, promovendo feedback sempre que necessário.

1. (Situação) Descreva situações em que você obteve sucesso quando precisou se comunicar com sua equipe sobre um novo projeto, uma nova metodologia ou, ainda, novas rotinas.

2. (Situação) Conte situações em que você teve que se comunicar com o público e obteve sucesso.

Parte 3 • Entrevista por Competências

3. (Situação) Você já trabalhou em funções em que a comunicação foi fundamental para exercer suas funções?

4. (Situação) Conte situações em que você usou o feedback no trabalho.

5. (Situação) Você já trabalhou em alguma empresa em que precisava se comunicar por escrito de forma sistematizada (elaboração de relatórios, envio de correspondências, elaboração de projetos etc.)?

(Tarefa e ações) Você poderia especificar qual é o seu papel neste exemplo e citar as principais ações aplicadas?

(Resultados) Como foram os resultados destas ações? Você mediu de alguma forma estes resultados?

03. Criatividade e inovação

Capacidade para conceber soluções inovadoras, viáveis e adequadas para as situações apresentadas.

1. (Situação) Relate situações em que você demonstrou criatividade na vida profissional.

2. (Situação) Conte sobre alguma ideia brilhante com a qual se destacou.

3. (Situação) Fale sobre algum reconhecimento que recebeu ou deveria ter recebido por uma ideia criativa que tenha tido e que foi adotada.

4. (Situação) Relate alguma situação em que, na falta de recursos, ou mediante um empecilho, você criou uma solução inesperada.

5. (Situação) Fale sobre alguma situação de imprevisto com que você tenha lidado com sucesso.

(Tarefa e ações) Você poderia citar as principais ações aplicadas?

(Resultados) Como foram os resultados destas ações? Você conseguiu alguma forma de medir estes resultados? Cite.

04. Cultura da qualidade — foco no cliente

Postura orientada para a busca contínua da satisfação das necessidades e superação das expectativas dos clientes internos e externos.

1. (Situação) Relate situações reais em que você atendeu a expectativa do cliente e foi reconhecido por isso.

2. (Situação) Relate alguma mudança que implementou na sua área para melhor atender a clientes internos ou externos.

(Tarefa e ações) Você poderia especificar qual é o seu papel neste exemplo e citar as principais ações aplicadas?

(Resultados) Como foram os resultados destas ações? Você conseguiu alguma forma de medir estes resultados? Cite.

05. Liderança

Capacidade para catalisar os esforços grupais, de forma a atingir ou superar os objetivos organizacionais, estabelecendo um clima motivador, formando parcerias e estimulando o desenvolvimento da equipe.

1. (Situação) Quais as suas experiências de liderança (ou coordenação de pessoas)?

2. (Situação) Descreva uma ação motivacional que você tenha realizado com a sua equipe.

3. (Situação) Conte as ações que você usa quando sua equipe atinge metas.

4. (Situação) Relate algumas situações que você multiplicou para a sua equipe, cursos ou palestras dos quais tenha participado.

5. (Situação) Conte sobre alguma situação em que seu estilo de liderança tenha sido reconhecido por alguém da equipe ou pelos seus superiores hierárquicos.

6. (Situação) Conte situações em que você usou a delegação e obteve sucesso.

7. (Situação) Você teria uma situação para relatar em que teve que reorientar sua equipe para atingir metas ou objetivos?

Parte 3 • Entrevista por Competências

(Tarefa e ações) Qual sua responsabilidade neste exemplo? Qual seu papel nesta equipe?

(Resultados) Como foram os resultados? Como foram mensurados? Você adotou algum tipo de registro de resultados?

06. Orientação para resultados

Capacidade de trabalhar sob a orientação de objetivos e metas, focando os resultados a alcançar.

1. (Situação) Você já trabalhou em alguma empresa que adotava metas e objetivos?
2. (Situação) Relate alguma situação em que você teve que agir orientado para metas e objetivos.
3. (Situação) Relate algum projeto ou ação em que você obteve resultados extraordinários.

(Tarefa e ações) Qual seu papel, sua responsabilidade neste exemplo?

(Resultados) Que resultados obteve? Como mediu, usou algum instrumento de medida? Qual?

07. Planejamento e organização

Capacidade para planejar e organizar as ações para o trabalho, atingindo resultados através do estabelecimento de prioridades, metas tangíveis, mensuráveis e dentro de critérios de desempenho válidos.

1. (Situação) Descreva um projeto que tenha planejado e coordenado com a equipe, em detalhes.
2. (Situação) Como você gerencia metas com sua equipe de trabalho?
3. (Situação) De que forma você influencia sua equipe a trabalhar com planejamento?
4. (Situação) Como você age com pessoas desorganizadas?

5. (Situação) Você tem alguma metodologia para priorizar ações no dia a dia de trabalho? Cite.

6. (Situação) Usa instrumentos de acompanhamento (monitoramento de resultados através de gráficos, ferramentas, controles visuais etc.)? Cite.

(Tarefa e ações) Qual seu papel, sua responsabilidade neste exemplo? Você poderia citar as principais ações aplicadas?

(Resultados) Como foram os resultados destas ações? Você conseguiu alguma forma de medir estes resultados? Cite.

08. Relacionamento interpessoal — inteligência emocional

Capacidade para interagir com as pessoas de forma empática, inclusive diante de situações conflitantes, demonstrando atitudes assertivas, inteligência emocional, comportamentos maduros e não combativos.

1. (Situação) Relate uma grande contribuição espontânea que você tenha dado em um momento difícil. Como foi?

2. (Situação) Conte sobre alguma situação de trabalho difícil que tenha administrado com muita cautela, sem perder o equilíbrio das emoções.

3. (Situação) Relate alguma situação em que poderia ter perdido o controle e tido comportamentos inadequados no relacionamento profissional e como superou tal desafio.

4. (Situação) Com que frequência você recebe feedbacks positivos da equipe ou clientes internos relacionados à sua atenção e capacidade de ouvir as pessoas? Conte algumas situações.

5. (Situação) Relate uma grande contribuição espontânea que você tenha dado em um momento difícil no trabalho e como foi.

Parte 3 • Entrevista por Competências

6. (Situação) Cite exemplos de situações em que você lidou de forma positiva com dificuldades de relacionamento com um cliente interno, líder, par ou colega de equipe.

7. (Situação) Conte sobre feedbacks positivos que você tenha recebido de colegas de equipe, pares ou clientes internos.

(Tarefa e ações) No exemplo, qual sua responsabilidade, seu papel? Você poderia citar as principais ações aplicadas?

(Resultados) Como foram os resultados destas ações? Você conseguiu de alguma forma medir estes resultados? Cite.

09. Trabalho em equipe

Capacidade para desenvolver ações compartilhadas, catalisando esforços através da cooperação mútua

1. (Situação) Conte sobre alguma situação em que você conseguiu resultados extraordinários em função do trabalho em equipe.

2. (Situação) Relate alguma situação em que a equipe em que você atuou foi crucial para o alcance de resultados.

3. (Situação) Relate situações em que você atuou em equipe e obteve bons resultados.

4. (Situação) Conte sobre alguma vez em que recebeu agradecimentos da equipe por alguma colaboração extra.

5. (Tarefa e ações) Você poderia especificar qual seu papel neste exemplo e citar as principais ações aplicadas?

(Resultados) Como foram os resultados destas ações? Você conseguiu alguma forma de medir estes resultados? Cite.

10. Visão sistêmica

Capacidade para perceber a interação e interdependência das partes que compõem o todo, visualizando tendências e possíveis ações capazes de influenciar o futuro.

1. (Situação) Relate situações em que você estabeleceu boas parcerias internas de trabalho.

2. (Situação) Relate situações em que você identificou oportunidades de negócio.

3. (Situação) Relate situações em que você usou seu conhecimento do negócio para lidar com situações imprevisíveis.

4. (Situação) Você já teve experiência com funções ambíguas? (liderar e ser liderado, ensinar e aprender, estar no lugar do cliente e do fornecedor etc.).

5. (Situação) Descreva uma situação específica, em que sua visão do negócio o ajudou a atingir metas, bons resultados ou a finalização de um projeto importante.

6. (Situação) Conte sobre alguma vez em que percebeu fatos que trariam consequências negativas para um determinado projeto e conseguiu evitá-los.

7. (Situação) Já implementou alguma ação baseada nas mudanças que percebeu no mercado? Cite.

8. (Situação) Você acompanha as tendências e mudanças de mercado em sua área de atuação?

(Tarefas e ações) Você poderia especificar qual seu papel neste exemplo e citar as principais ações aplicadas?

(Resultados) Como foram os resultados destas ações? Você conseguiu alguma forma de medir estes resultados? Cite.

Parte 3 • Entrevista por Competências

Outras Sondagens de Indicadores de Competências

A Metodologia STAR permite roteirizar diversas competências, como, por exemplo:

01. Assumir responsabilidades

Capacidade para assumir situações diversas, mesmo que não esteja clara a sua responsabilidade.

1. (Situação) Dê um exemplo de uma situação em que você tenha assumido a responsabilidade, como se fosse o dono do negócio.
2. (Situação) Você teria algum exemplo em que assumiu uma situação que os outros estavam deixando de lado? Cite.

(Tarefa e ações) Você poderia especificar qual seu papel neste exemplo e citar as principais ações aplicadas?

(Resultados) Como foram os resultados destas ações? Você conseguiu alguma forma de medir estes resultados? Cite.

02. Persistência e determinação

Capacidade para perseguir ideias, objetivos e metas.

1. (Situação) Relate alguma situação em que você tenha persistido em uma ideia que ninguém acreditava e teve sucesso.
2. (Situação) Conte sobre alguma vez em que você teve todos os motivos para desistir, mas continuou confiante e atingiu o objetivo.

(Tarefa e ações) Você poderia especificar qual seu papel neste exemplo e citar as principais ações aplicadas?

(Resultados) Como foram os resultados destas ações? Você conseguiu alguma forma de medir estes resultados? Cite.

Metodologia STAR

Métrica

Como pontuar a entrevista por competências.

Tendo como base a curva normal, cada entrevistado deve ser posicionado em um dos cinco níveis, em cada uma das competências do perfil.

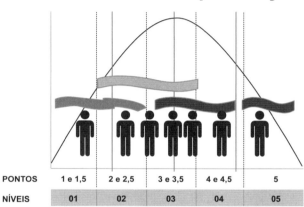

Nível X modelos de pontuação

Escala de proficiência (níveis)	Situações
Nível 1 **(Abaixo da média esperada)**	• Ausência ou exemplo fora do âmbito da competência.
Nível 2 **(Média inferior)**	• Situação que evidencia a competência, ações adequadas e função pouco significativa. • Situação que evidencia a competência, ações adequadas e resultados médios ou ausentes. Evidências de domínio, porém com ausência de relato de resultados. • Exemplo da vida pessoal que não envolve situação de trabalho.

Parte 3 • Entrevista por Competências

Nível 3 (Média)	• Situação de trabalho que evidencia a competência, ações adequadas, função significativa para o contexto organizacional, obtenção de resultados médios. Demonstra domínio médio.
Nível 4 (Média superior)	• Situação de trabalho que evidencia a competência, ações adequadas, função significativa para o contexto organizacional, obtenção de bons resultados. Demonstra bom domínio.
Nível 5 (Excelência)	• Mais de uma situação de trabalho que evidencia a competência, ações adequadas, função significativa e destaque na obtenção de resultados comprovados.

• • •

Capítulo 12
Perfil do Entrevistador

Dicas para a entrevista de retorno

O selecionador ou o detentor da vaga (gerente, supervisor ou chefia) precisa estar atento às posturas pessoais na entrevista final de seleção.

Evite estes personagens:

Doutor Desli Gado

- Atende telefonemas a todo momento.
- Chama a secretária para passar trabalhos durante a entrevista.
- Mexe nos documentos em cima da mesa.
- Abre gavetas.
- Consulta a agenda.
- Decide ligar para outra pessoa justamente durante a entrevista.
- Enfim… o Desli Gado faz tudo, menos entrevistar o candidato.

Doutor Sono Lento

- Boceja constantemente.
- Fica debruçado na mesa o tempo todo.
- Divaga e fica olhando para cima
- Distrai-se durante a entrevista.

Doutor Atrasado

- Deixa o candidato esperando por minutos afora.
- Interrompe a entrevista para resolver outro problema que surgiu na última hora.
- Permite interrupções durante a entrevista.

Doutor Indiscreto

- Foge do roteiro.
- Faz perguntas fora de hora e de contexto.

Doutor Preconceituoso

- Se desfaz dos candidatos.
- Age com preconceitos.

Perfil do Entrevistador

- Faz gracejos com outros colegas sobre os candidatos.
- Apresenta atitudes pouco respeitosas.

Doutor Ocupado

- Não arranja tempo para se reunir com a área de seleção.
- Informa sua necessidade com poucos subsídios para o selecionador.
- Não acompanha o processo.
- Exige que o selecionador adivinhe seus pensamentos.

Doutor Esotérico

- Seleciona candidatos pelo signo.
- Diz que sua energia não combina com a do candidato.
- Fala que os olhos do candidato não inspiram confiança.

Postura Assertiva do Entrevistador

- Estabeleça excelente parceria com o gestor da área que solicitou a avaliação.
- Convide o detentor da vaga (gestor) para participar da elaboração do perfil, dedicando um tempo em sua agenda para tal.
- Convide seu parceiro gestor para acompanhar as atividades de seleção e conhecer mais de perto cada candidato.
- Planeje sua entrevista (modelo neste livro) de forma a obter o máximo de informações sobre as competências de cada candidato.
- Trate o candidato com respeito, cumprindo horários, dando a atenção devida, sendo objetivo e, principalmente, sendo profissional.
- Evite atitudes preconceituosas e procure identificar o potencial de cada candidato a partir das informações recebidas da área de seleção.

Parte 3 • Entrevista por Competências

Escala de Efetividade no Uso das Ferramentas para Seleção por Competências

- Entrevista + dinâmica de apresentação.
- Entrevista + dinâmica de apresentação + jogo de empresa.
- Entrevista + dinâmica de apresentação + jogo de empresa + inventários.
- Entrevista + dinâmica de apresentação + jogo de empresa + inventários + feedback.
- Entrevista + dinâmica de apresentação + jogo de empresa + inventários + feedback + testes.

Critérios

Tempo, natureza da vaga, custo, recursos.

• • •

Capítulo 13
Sinalizador de Potencial

Ao final do processo de avaliação, com a consolidação das ferramentas adotadas (inventários, atividades presenciais, entrevista por competências), é necessário apresentar os resultados reunidos em um relatório conclusivo, cujo teor contém:

- Relato de performance comportamental (dados qualitativos).
- Pontuações.
- Gráficos comparativos.
- Observações sobre pontos fortes e a desenvolver do avaliado.
- Decisão final: se o avaliado é recomendado para o contexto da avaliação.

Estes poderão ser representados de maneira qualitativa e quantitativa.

A forma qualitativa demonstra os comportamentos evidenciados.

A descrição corresponde ao comportamento mais próximo apresentado pelo avaliado, tendo como base a curva normal e os níveis de proficiência já citados anteriormente neste livro.

A forma quantitativa é apresentada através de pontuações e gráficos.

A seguir, alguns exemplos da composição de um relatório final na avaliação de competências.

Parte 3 • Entrevista por Competências

Fonte: Sistema BIT/MRG utilizado em projetos de competências. Criação de Maria Rita Gramigna, em 1997.

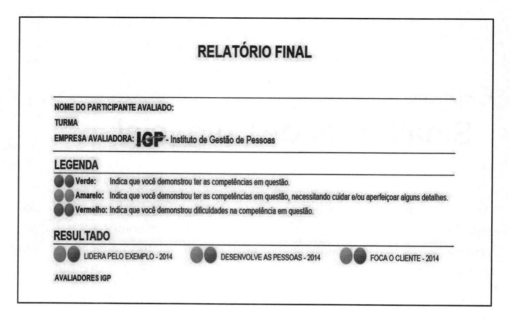

Nível X modelos de pontuação

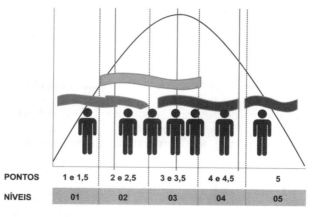

Sinalizador de Potencial

Competência: **LIDERANÇA — 2014** Nível: 3   Pontuação: 3
Competência: **DESENVOLVE AS PESSOAS — 2014** Nível: 3   Pontuação: 3
Competência: **FOCA O CLIENTE — 2014** Nível: 3   Pontuação: 3
RECOMENDADO

Exemplo

PARECER DESCRITIVO

Competência LIDERANÇA — 2014

Influencia e inspira pessoas.

Descrição: (A descrição abaixo corresponde ao comportamento de entrega aproximado do avaliado, observado pelos consultores do IGP durante as atividades vivenciais. É usada para fins de posicionamento da pessoa na curva normal e definição da sua pontuação).

Comportamento de entrega aproximado: atua assumindo a liderança, na maioria das vezes. Interessado(a), mostra-se disponível, demonstrando interesse na obtenção de resultados positivos. Faz intervenções de ajuda aos componentes da equipe. Receptivo às mudanças e coerente em suas ações, demonstra postura de engajamento no processo global dos trabalhos e obtém a adesão das equipes às suas orientações. Tem facilidade para estimular a participação da equipe. Poderá aproveitar melhor e sustentar os espaços de atuação como líder formando parcerias, delegando mais e reforçando suas atitudes de exemplo.

Observações.

Pontos Fortes: demonstra interesse pelas pessoas. Atua com certa liderança em determinados momentos.

Pontos a desenvolver: atuar assumindo mais efetivamente a liderança. Utilizar melhor seu poder de persuasão. Manter a disposição e a capacidade para energizar grupos, influenciar pessoas e, assim, adotar atitudes inspiradoras. Utilizar seu potencial para alavancar resultados.

Parte 3 • Entrevista por Competências

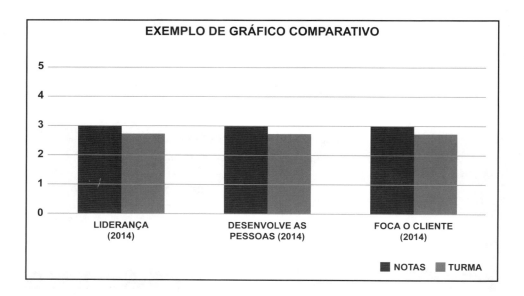

Capítulo 14
Feedback

O feedback em processos seletivos deve ser individual e intransferível. Trata-se de um momento importante para o avaliado, que terá um retorno sobre sua performance. Mediante a escuta, este profissional avaliado poderá realinhar suas ações, direcionando-as para o desenvolvimento das competências em gap.

O tempo médio dedicado a esta atividade é de trinta minutos.

Parte 3 • Entrevista por Competências

No momento da entrevista de feedback, o profissional responsável pelo retorno terá em mãos os seguintes documentos:

1. Resultado em forma de sinalizador.

2. Gráfico comparativo de resultado.

3. Quadro com resumo de informações obtidas nos inventários aplicados.

O entrevistador poderá usar o sinalizador como ferramenta para início do processo de feedback.

PASSOS PARA A ENTREVISTA DE FEEDBACK

Primeiros contatos

- Receber o entrevistado com tranquilidade, cumprimentando-o na chegada e levando-o até o espaço da entrevista.

- Informar que terão em torno de 30 minutos para conversar sobre o resultado do processo.

- Informar que o resultado final levou em conta os inventários, a entrevista e a observação de sua participação nas atividades simuladas. A descrição do comportamento que está no sinalizador (que ele vai ver logo a seguir) é a que mais se aproximou do seu comportamento.

A hora do feedback

- Pedir que o participante leia e veja seu sinalizador de potencial e comente se o perfil retrata o que **ele imaginou ter passado nas atividades**.

- Observar a reação do avaliado durante a leitura.

Feedback

- Perguntar o que achou e preparar-se para ouvir. Evite interromper o participante enquanto ele fala sobre suas impressões.

- **Ter o resultado do tetragrama** em mãos. Se necessário, aponte o que ele pode investir mais em seu estilo, seu modo de ser: **T** (percepção, atenção ao contexto à sua volta), **G** (sensibilidade, cuidado consigo, colaboração, ajuda aos outros etc.), **A** (planejamento e decisões pensadas) e **F** (ação, colocar planos em prática, não deixar para depois).

- **Apontar o(s) ponto(s) forte(s) do participante.** Ressaltar as competências em que o participante se sobressaiu ou foi bem.

- **Apontar as competências em que ele pode investir mais (as que estão em amarelo ou vermelho).**

- Se tiver alguma sugestão de ação de autodesenvolvimento, apresente ao avaliado. Poderá também perguntar o que ele está pensando em fazer para desenvolver as competências com sinal amarelo ou vermelho (registrar).

Finalização

- **Finalizar a entrevista** perguntando se o participante quer falar mais alguma coisa ou fazer alguma pergunta e se tem alguma expectativa neste processo (anotar se ele apontar expectativas).

- **Agradecer e pedir que ele assine o sinalizador.** Informar que os dados da análise de perfil são sigilosos e que outras pessoas não terão acesso aos mesmos.

Observações importantes

- Se o avaliado perguntar se tem acesso ao sinalizador, informe que ele terá pleno acesso às informações, bastando solicitar na área específica.

- Se o participante quiser anotar os dados do sinalizador, deixe que faça isso.

Parte 3 • Entrevista por Competências

- Se ele se recusar a assinar o sinalizador, não insista e registre o fato no sinalizador. Informe ao participante que você está registrando sua recusa em assinar o sinalizador.

- Se o sinalizador estiver verde e o participante perguntar algo relacionado a ter obtido a vaga, diga que o processo ainda está em andamento e que o detentor da vaga fará a escolha entre aqueles mais próximos ao perfil desejado.

- Se quem tem amarelo ou vermelho perguntar se está fora do processo de seleção, diga a mesma coisa acima.

• • •

Capítulo 15
Recrutamento

O recrutamento é a fase anterior ao processo seletivo, em que o selecionador procura, através de fontes variadas, identificar e encontrar profissionais compatíveis com a vaga.

Um recrutamento estratégico e bem-feito evita o retrabalho e aumenta o leque de candidatos qualificados, além de reduzir o número de candidatos fora do perfil desejado.

Parte 3 • Entrevista por Competências

AS FASES DO RECRUTAMENTO

Primeiro passo: análise de necessidades e definição de estratégias.

Através de pesquisa interna é possível fazer o levantamento das necessidades de recursos humanos da organização, a curto, médio e longo prazos. Nesta etapa, a área de recursos humanos levanta o número e o perfil de profissionais necessários para preencher possíveis vagas e inicia a definição das estratégias.

Segundo passo: desenho do perfil.

No processo de seleção por competências, o desenho do perfil é realizado em parceria com o detentor da vaga e aborda as competências de suporte universais e as competências técnicas inerentes ao cargo/função.

Terceiro passo: busca de candidatos no mercado.

Na identificação de candidatos no mercado, é importante identificar diferentes segmentos para definir o tipo e as fontes de recrutamento.

A depender da política adotada na organização, o recrutamento poderá ser realizado internamente, consultando bancos de informações existentes.

Além do recrutamento interno, as fontes externas podem ser acionadas: redes sociais, agências de emprego, uso do site da empresa para receber currículos, indicações, divulgação em diversas mídias, dentre outras.

Vantagens dos Dois Tipos de Recrutamento

Recrutamento interno:

- Tempo reduzido.
- Baixo custo, evitando despesas com divulgação em geral.
- Aproveitamento dos talentos internos, estimulando a motivação e o comprometimento dos colaboradores.

Maior probabilidade de adaptação do selecionado à vaga, já que o mesmo já está integrado à cultura empresarial.

Imagem positiva da empresa, a partir da valorização de seu quadro funcional.

Ao decidir pelo recrutamento interno, a pesquisa de resultado das avaliações de desempenho do candidato interno orienta o selecionador em sua triagem. A pesquisa de participação em programas de treinamento e desenvolvimento é outro item essencial nesse momento. Assim como a análise da experiência do recrutado em atividades que constituem pré-requisito ao cargo pretendido é outra ação importante.

É essencial manter políticas de acesso a vagas, objetivas, claras e amplamente divulgadas na empresa, de forma a dar credibilidade ao processo.

Recrutamento externo:

- Atender a necessidade da empresa quando não existir em seus quadros profissionais adequados ao perfil da vaga.
- Possibilidade de formação de um cadastro reserva.
- Renovação do quadro funcional e, consequentemente, a renovação cultural.

A desvantagem mais significativa do recrutamento externo está na demora em fechar o processo e na necessidade de orçamento destinado a essa fase.

• • •

Parte 4 • **Cases**

Case 01

Sobre Formação de Banco de Potencial por Competências

Empresa: Secretaria de Estado da Fazenda de Minas Gerais

Relato encaminhado por:

- Redação: Maria da Glória Freitas Saraiva, Técnica da Diretoria de Gestão do Desempenho e Desenvolvimento de Pessoas (DGDP/SRH).

- Revisão e aprovação: Débora Muzzi, Diretora da Diretoria de Gestão do Desempenho e Desenvolvimento de Pessoas (DGDP/SRH).

IMPLANTAÇÃO DO BANCO DE POTENCIAL NA SECRETARIA DE ESTADO DA FAZENDA DE MINAS GERAIS

A Secretaria de Estado da Fazenda de Minas Gerais (SEF), tendo por missão "prover e gerir os recursos financeiros do estado, formulando e implementando políticas que garantam a justiça fiscal, o equilíbrio das contas públicas e o desenvolvimento das ações do governo, em benefício da sociedade mineira", sempre esteve na vanguarda no que se refere às ações voltadas para a gestão de pessoas.

Dentro deste contexto, a Superintendência de Recursos Humanos da Secretaria implantou, em 1990, o **"Banco de Potencial"**, projeto que visava integrar e complementar o sistema de inventário de pessoal da SEF, regulamentado na Resolução nº 1981, publicada no Diário Oficial de Minas Gerais de 08/06/1990.

Tratava-se de um banco de informações sobre o perfil comportamental e curricular dos servidores fazendários, de caráter dinâmico, tendo como base os dados relativos à avaliação das potencialidades e aos currículos preenchidos pelos servidores.

O projeto foi elaborado pela equipe técnica da área de recursos humanos da SEF e teve amplo reconhecimento interna e externamente, tornando-se, desde então, por seu pioneirismo, alvo de *benchmarking* por parte de outras empresas públicas e privadas.

BREVE HISTÓRICO DAS AÇÕES DE GESTÃO DE PESSOAS NA SEF

1971 — Criação do Instituto de Técnicas Tributárias (ITT), cujo objetivo principal era a capacitação dos servidores fazendários e execução de outros projetos de natureza fiscal ou tributária de interesse do estado, como as campanhas de educação tributária junto às escolas. Com o tempo, o ITT foi ampliando as suas funções, abrangendo, de fato, a competência do setor de recursos humanos, aliando aos cursos de treinamento a avaliação de desempenho funcional.

1978 — Foi implementado junto ao ITT o processo seletivo interno como uma ferramenta de recrutamento e seleção de pessoas para ocupação dos cargos comissionados previstos na Lei 6762/75, que instituiu a carreira de tributação, fiscalização e arrecadação, ou desempenho de funções técnicas. O processo seletivo foi criado a partir de *benchmarking* com a Cemig, tendo em vista o aumento de ingresso de servidores por concurso público e o interesse da alta administração da SEF em incentivar a meritocracia como um valor na instituição.

Sobre Formação de Banco de Potencial por Competências

1982 — O ITT foi transformado em Diretoria de Recursos Humanos, dando mais legitimidade e institucionalização às políticas de gestão de pessoal que começavam a ser implementadas na época.

Em sua estrutura inicial, a Diretoria de Recursos Humanos funcionava com quatro centros específicos: Centro de Educação Tributária, Centro de Desenvolvimento de Pessoal, Centro de Avaliação e Acompanhamento de Pessoal e Centro de Informações e Registro Funcional.

1988 — A Diretoria de Recursos Humanos ganha status de Superintendência, passando a funcionar com quatro diretorias: Diretoria de Desenvolvimento de Pessoal, Diretoria de Avaliação e Acompanhamento de Pessoal, Diretoria de Informação e Registros Funcionais e Diretoria de Educação Tributária.

1989 — A Superintendência de Recursos Humanos Implementa o projeto do Banco de Potencial (BP) (turma-piloto), com a finalidade de conhecer o perfil de potencial do universo de servidores fazendários, e armazenar informações para ser utilizadas em processos futuros. O Banco de Potencial propôs uma inovação na metodologia de avaliação para subsidiar, principalmente, o processo seletivo já instituído na organização. A nova metodologia propôs a substituição dos testes fatoriais utilizados na época, por técnicas vivenciais e jogos de empresa aplicados em dinâmica de grupo para avaliar o potencial manifesto dos participantes. Foram mantidas a entrevista individual, a redação e o teste de personalidade.

1990 — Criação do mapa curricular como parte do inventário de pessoal.

BANCO DE POTENCIAL

- Mapa funcional
- Mapa de avaliação de desempenho
- Mapa curricular
- Mapa Psico

FH01 (Cadastro de Pessoal) + ZIM (Software de Cruzamento de Dados)

Parte 4 • Cases

Origem

A Secretaria de Estado de Fazenda de Minas Gerais implantou, em 1989, o projeto do Banco de Potencial com o objetivo de identificar conhecimentos e habilidades em potencial de seus servidores.

O projeto foi considerado pioneiro e alvo de *benchmarking* por parte de outras empresas públicas e privadas de Minas Gerais e de outras unidades da federação.

Durante mais de uma década, o Banco de Potencial, em sua forma original, foi instrumento de pesquisa interna na indicação de servidores para ocupação de cargos comissionados e funções especiais junto à Secretaria de Estado da Fazenda.

Constituiu a parte dinâmica do inventário de pessoal implantado pela SRH/SEF com a finalidade de manter um banco de dados funcionais e comportamentais dos servidores, a ser utilizado para consultas de interesse da organização.

O que é

É um armazém de informações em que constam dados de potencial estáticos e dinâmicos dos servidores da SEF.

Valores de Sustentação do Banco de Potencial e Respectivas Premissas

- Criatividade: as pessoas criativas inovam, tiram do nada boas ideias e contribuem para renovações construtivas.

- Conhecimento: pessoas com maior base de conhecimento percebem melhor o que ocorre no mundo e apresentam boa visão de contextos.

- Cooperação: as pessoas cooperativas gostam de trabalhar juntas, de ajudar e colaborar com o grupo, entendendo que fazem parte de um sistema maior.

- Coerência: as pessoas são capazes de usar uma linguagem comum, respeitar opiniões divergentes e apresentar suas próprias ideias, agindo de acordo com princípios éticos.

- Reconhecimento: todo ser humano precisa ser reconhecido para se sentir motivado. O reconhecimento pode ser traduzido pela valorização das capacidades, do potencial de trabalho e pela forma como é tratado pelos seus semelhantes.

- Relacionamento: o ser humano apresenta a capacidade de enxergar seu semelhante, respeitar limites e criar um ambiente saudável que permita o crescimento pessoal e profissional.

- Responsabilidade: pessoas responsáveis dão o melhor de si, são eficientes e eficazes, apresentam maior autonomia e iniciativa.

Objetivos do Banco de Potencial

I — Subsidiar as ações gerenciais, no sentido de:

- Conhecer as competências em potencial dos servidores fazendários.

- Identificar necessidades de treinamento.

- Desenvolver as competências consideradas essenciais para a SEF, fornecendo subsídios para planejamento das atividades de capacitação dos servidores.

- Identificar servidores com potencial para ocupação de cargos comissionados e exercício de funções especiais.

- Identificar perfis para compor equipes de trabalho.

- Auxiliar na adequação das pessoas a seus locais de trabalho e a suas funções.

II — Fornecer feedback individual para os servidores, relativo a suas competências de destaque e a desenvolver, estimulando iniciativas de autodesenvolvimento.

Parte 4 • Cases

Aplicação

Público:

- 1ª turma (piloto): gerentes de uma das superintendências regionais da SEF.
- Da 2ª turma em diante: servidores das unidades regionais e/ou órgãos centrais da SEF.

Local de Realização: Belo Horizonte.

Metodologia aplicada:

- Teste psicológico com elaboração de laudo psicológico — a cargo de uma empresa terceirizada.
- Entrevistas, dinâmicas de grupo e treinamento comportamental — equipe interna da SRH/SEF.

Duração: cinco dias úteis.

Produtos:

- Entrevista de retorno.
- Processos seletivos.
- Orientação pós-seleção.
- Assessoramento gerencial.

Pontos Fortes — Oportunidades

- Recrutar e selecionar profissionais com perfil mais adequado a cargos comissionados.
- Ofertar profissionais mais qualificados ao desempenho dos cargos e funções dentro da SEF.
- Subsidiar e orientar pessoal e profissionalmente o servidor e/ou outros setores e trabalhos da SRH, tais como o acompanhamento de pessoal.

Sobre Formação de Banco de Potencial por Competências

- Assessorar e subsidiar a gerência da SEF para uma melhor condução e aproveitamento de sua equipe e/ou o servidor.
- Otimizar estratégias de ação de RH.
- Fornecer diagnóstico estático das equipes de trabalho.
- Direcionar conteúdo de capacitação.

Contribuição do Banco de Potencial para os Processos Seletivos

A indicação de servidores para ocupar cargos comissionados e/ou funções técnicas especializadas através do processo seletivo já existia na SEF desde a década de 1970.

Os candidatos inscritos eram submetidos a testes fatoriais e de personalidade junto a entrevistas técnicas e entrevista individual para cada processo demandado.

Na época, a iniciativa da SEF, de utilizar o Banco de Potencial para subsidiar os processos seletivos na indicação de servidores para ocupação de cargos ou funções técnicas especializadas, tornou-se pioneira na administração pública, pois introduziu a avaliação de potencial utilizando-se de metodologias situacionais e vivenciais complementadas ao teste de personalidade e entrevista individual, visando a elaboração de perfil psicológico para compor um banco, ora denominado Banco de Potencial.

A década de 1990 foi um período de grande demanda em razão do seu reconhecimento institucional previsto nas resoluções nº 2468, de 30/12/1993, e nº 2727, de 24/10/1995, do Secretário de Estado da Fazenda, propiciando força e credibilidade junto às gerências que optaram por esse procedimento, valorizando a escolha técnica bem como a democratização de oportunidades. Este reconhecimento foi fortalecido a partir da implementação do projeto do Banco de Potencial.

Durante mais de uma década, o Banco de Potencial, em sua forma original, foi motivo de pesquisa para indicação de servidores a cargos comissiona-

Parte 4 • Cases

dos e funções especiais, tendo sido avaliados em torno de 3 mil servidores, no período de 1990 a 1999.

Em 1999, com a mudança de governo, a SEF passou por uma reestruturação, implicando em paralisação temporária de suas atividades mais estratégicas, dentre elas as ações relativas ao Banco de Potencial. Houve uma redução significativa na demanda de processos seletivos que coincidiu com a interrupção das ações do Banco de Potencial.

Em 2000, a SRH retoma suas atividades com nova estrutura, sendo criada a Diretoria de Formação e Avaliação do Servidor Fazendário (DFASF), responsável pelas áreas de desenvolvimento, avaliação de desempenho e análise de potencial.

Compromissos da SRH/SEF com o Processo de Renovação do Banco de Potencial

Devido à credibilidade alcançada durante os anos nos quais foi desenvolvido, em 2004 surgiu a demanda, por parte dos gerentes da SEF, da continuidade do Banco de Potencial, interrompido em 1999. Assim sendo, o projeto passou a fazer parte da formulação estratégica definida pelo governo do estado para a Secretaria de Estado de Fazenda.

A partir dessa formulação estratégica, coube à SRH desenvolver uma programação de atividades direcionadas à gestão de pessoal da SEF.

Em função da nova diretriz, foi implantado o programa de **Gestão por Competências**, dentro do qual foi incluído o Projeto **Mapeamento de Competências dos Servidores Fazendários**, com o propósito de dar continuidade e trazer inovações ao projeto do Banco de Potencial, ampliando suas funções e realinhando seus objetivos.

Foi contratada uma consultoria especializada para auxiliar a equipe técnica da SRH no realinhamento da metodologia do Banco de Potencial e para a proposição de melhorias no modelo, para adaptá-lo ao conceito de análise de perfil com base em competências.

O novo modelo impactou a revisão das técnicas vivenciais aplicadas na dinâmica de grupo, dos testes, da entrevista e no desenvolvimento de software de pesquisa em banco de dados e aquisição de software de gestão de competências.

Foi elaborado um documento apresentando as principais mudanças implementadas no Banco de Potencial da Secretaria de Estado da Fazenda/MG, que, a partir de 2004, teve seu nome alterado para **Mapeamento de Competências dos Servidores Fazendários**.

É importante ressaltar que as modificações feitas no Banco de Potencial foram desenvolvidas tendo como parâmetro o público-alvo do projeto, que é o servidor com uma carreira no estado, ou seja, com uma trajetória funcional que, geralmente, vai da nomeação até a aposentadoria.

"MAPEAMENTO DE COMPETÊNCIAS INDIVIDUAIS DOS SERVIDORES FAZENDÁRIOS"

Objetivos do mapeamento

- Traçar os perfis de competência dos servidores fazendários, em termos dos conhecimentos, habilidades e atitudes considerados de grande relevância para o alcance dos objetivos institucionais.

- Identificar as necessidades de treinamento e desenvolvimento nessas competências individuais, fornecendo subsídios para o planejamento da capacitação dos servidores.

- Identificar os perfis adequados para a composição das equipes de trabalho.

- Auxiliar na adequação das pessoas a seus locais de trabalho e a suas funções.

- Identificar servidores com potencial para ocupação de cargos comissionados e exercício de funções especiais, em atendimento a demandas dos titulares de unidades da SEF.

Parte 4 • Cases

A avaliação passou a ter por base as nove competências comportamentais definidas para a SEF:

- Adaptação e flexibilidade.
- Comunicação e interação.
- Criatividade e inovação.
- Iniciativa e dinamismo.
- Liderança.
- Planejamento e organização.
- Relacionamento interpessoal.
- Trabalho em equipe.
- Pesquisa e investigação.

Metodologias utilizadas no mapeamento de competências:

- Entrevista/questionário.
- Seminário de dinâmica de grupo — jogos de empresa e discussões orientadas.
- Inventário de personalidade.
- Testes de personalidade.
- Entrevista de feedback.

Inicialmente, seiscentos servidores foram submetidos à avaliação através da nova metodologia, que na época integrou-se ao treinamento introdutório dos servidores ingressos na SEF através de concurso público.

O projeto Mapeamento de Competências Individuais, hoje denominado de Projeto de Identificação de Perfil de Competências Individuais do Servidor Fazendário, deu continuidade à avaliação de potencial dos servidores efetivos de todas as carreiras da SEF, que ainda não tinham passado pelo processo anteriormente, bem como à atualização dos dados de potencial daqueles servidores que passaram pelo Banco de Potencial.

Sobre Formação de Banco de Potencial por Competências

Com o objetivo de atingir um número mais expressivo de servidores avaliados e em cumprimento às metas do acordo de resultados relativas ao Programa de Gestão por Competências da SEF, foi contratada uma consultoria especializada em serviços de psicologia com experiência em avaliação de potencial, para auxiliar na execução das ações, nos anos de 2007 a 2011.

Esta consultoria foi treinada e supervisionada pela equipe técnica da SRH/SEF na metodologia aplicada e no desenvolvimento de todo o processo de avaliação do mapeamento.

Case 02
Sobre Fontes de Recrutamento

Empresa: Dec Rio Piranhas, Teresina/PI

Relato encaminhado por Gabriele Mesquita e Carvalho, Psicóloga Organizacional, responsável pelo recrutamento e seleção de pessoas (triagem de currículos, entrevistas, aplicação de testes psicológicos e testes específicos do cargo, realização de dinâmicas de grupos e jogos empresariais), pesquisa o clima organizacional e aplica melhorias através dos problemas identificados, realiza levantamento de necessidades de treinamento. Ministra treinamento, avalia o desenvolvimento dos colaboradores e administra os incentivos e benefícios ofertados para os mesmos. Supervisiona o setor de pessoal, atua como formadora de opinião em reunião com outros setores, desdobrando estratégias para melhoria do desenvolvimento empresarial. É responsável por realizar avaliação psicológica e de desempenho, gestão de conflitos, aconselhamento e desligamento de colaboradores.

Considerações: atuar na área de gestão de pessoas é uma satisfação. Além do desafio constante, principalmente quando falamos do processo de seleção, observamos as tantas oportunidades que existem diante de um nível não adequado de qualificação por parte dos candidatos. É incansável a busca de pessoas qualificadas e que tenham um perfil de acordo com as exigências da empresa.

Parte 4 • Cases

APRESENTAÇÃO

O Dec Rio Piranhas surgiu em 1974 na cidade de Caxias/MA como um pequeno varejo. Aos poucos, foi crescendo, até que se tornou um distribuidor atacadista e passou a atuar com vendas para todo médio e pequeno varejo.

Em outubro de 2000, suas atividades foram expandidas para a cidade de Teresina/PI, atendendo a varejistas em todo o estado do Piauí.

Em 2006, foi concedido à empresa o título de Distribuidor Especializado em Cosmético (DEC). Só existem 21 DECS em todo o Brasil, e o DEC Rio Piranhas tem o privilégio de representar o Piauí, sendo o único DEC do estado.

A organização tem a missão de promover um atendimento diferenciado aos clientes, fornecendo os melhores produtos e serviços para todos os comerciantes de pequeno e médio varejo do estado do Piauí.

Tem a visão de ser a primeira no ranking no segmento de atuação e de promover um crescimento pessoal e profissional para todos os seus colaboradores, através dos processos de seleção interna, programas de treinamento e de incentivos.

A empresa preza por valores como: respeito, honestidade, credibilidade, higiene pessoal, comprometimento e renovação.

Atualmente, o Dec Rio Piranhas é o distribuidor preferencial do estado, com uma cobertura de 80,05% dos municípios existentes no Piauí.

A SELEÇÃO DE PESSOAS NA DEC RIO PIRANHAS

A organização é de gestão familiar e o processo de seleção foi implantado há três anos. Até aquele momento, o processo era realizado de forma amadora ou por indicação sem nenhum tipo de entrevista ou outra ferramenta para avaliar o candidato.

Sobre Fontes de Recrutamento

Foi percebida a importância de um processo mais sistematizado e criterioso, e a direção decidiu contratar um profissional para a implantação do setor de RH, voltado para a organização empresarial no que se refere às pessoas.

Hoje, o RH atua com processos seletivos, entrevistas de desligamento, treinamento e desenvolvimento, administração de incentivos, cargos e salários, aconselhamentos, programas de qualidade de vida do colaborador, além de atuar como um setor formador de opinião para os outros setores.

Na empresa, existem cargos desde o nível operacional até o de pessoas que atuam na gestão ao lado dos diretores.

Quando a vaga em aberto é do nível operacional, utiliza-se o site da empresa ou a divulgação na própria sede como principais fontes de recrutamento. Já para um cargo tático ou estratégico, além do site da empresa ou da sua página do Facebook, outra ferramenta utilizada é o jornal da região.

Além destas fontes, os próprios colaboradores também indicam pessoas levando o currículo das mesmas para que possam passar pelo processo de seleção da empresa. Os melhores resultados estão em uma relação direta entre o cargo que se procura e a fonte a ser utilizada; para alguns cargos, a internet leva a melhores resultados, e, em outros, o jornal ou a portaria da empresa, como citado acima.

Durante o recrutamento, tem-se um cuidado minucioso no que se refere a ser específico no momento de anunciar da vaga, dessa forma podemos evitar o excesso de currículos encaminhados.

A média dos candidatos que são aprovados no processo seletivo e permanecem por mais de um ano na empresa é de 91%, pois na maioria das vezes eles são promovidos através da seleção interna. No momento em que o processo de seleção foi implantado, foi percebida uma resistência por parte do requisitante da vaga, devido à demora do processo de seleção; porém, atualmente, depois da diminuição do *turnover*, assim como da melhoria do nível dos candidatos, a resistência foi deixada de lado e o selecionador é muito bem-visto nesse processo.

Parte 4 • Cases

Relato de Colaboradores

Colaboradora: Noêmia Gomes.

Cargo: armazenista.

"Encaminhei meu currículo através do site da empresa, pois ouvia falar que era uma empresa que dava muitas oportunidades aos funcionários, depois de dois meses fui chamada e hoje estou muito satisfeita, pois aqui tenho oportunidades de fazer cursos e também de crescer profissionalmente."

Colaborador: Jonatas dos Santos Bezerra.

Cargo: gerente de T.I.

"Soube da vaga através de um amigo que trabalhava no DEC, então deixei o currículo na própria empresa com o gerente de logística e logo já comecei a trabalhar como armazenista, tive a oportunidade de ser conferente, motorista, auxiliar de escritório, técnico de informática e atualmente sou gerente de T.I. A empresa patrocinou vários cursos e me deu uma bolsa de estudos de 50% do meu curso superior, sou muito grato e feliz por fazer parte desse grupo que ao meu ponto de vista só tem a crescer."

• • •

Case 03
Sobre Experiência com Seleção de Pessoal e Fontes de Recrutamento

Empresa: **Instituto de Mobilidade Profissional, Aracaju/SE**

Relato encaminhado por Taissa Amorim, bacharel em Administração com habilitação em Recursos Humanos, com pós-graduação em Gestão Estratégica de Pessoas, Coach e Diretora do Instituto de Mobilidade Profissional (IMP) em Aracaju/SE, profissional da área de Gestão de Pessoas, em especial Recrutamento e Seleção. Representante da Metodologia de Gestão por Competências da Maria Rita Gramigna. Atua na área de Gestão de Pessoas há oito anos.

Por três anos (2009–2012), gerenciou a área de recursos humanos de uma empresa sergipana, do segmento de conhecimento e entretenimento através da leitura.

A demanda maior de recrutamento e seleção era para o setor de vendas, cujo prazo estabelecido pela presidência da empresa para preencher uma vaga na área não poderia ultrapassar cinco dias, incluindo todo o processo admissional completo. Um verdadeiro desafio.

Na ocasião, mantinha um banco de talentos atualizado, com cadastro reserva de todos os processos seletivos realizados. Por ter um perfil bem diferente, a manutenção deste cadastro foi um contínuo desafio.

Parte 4 • Cases

Nossos candidatos deveriam ser, de preferência, estudantes universitários com interesse e facilidade para o contato com o público, boa fluência verbal, hábito de leitura e constante atualização com as novidades do universo dos livros.

A divulgação das vagas era realizada em universidades, principalmente nos cursos nas áreas de humanas. Outra fonte de divulgação era o próprio site da empresa, além da publicação em um jornal de grande circulação local.

As indicações eram bem-vindas quando feitas por colaboradores comprometidos com a organização. Mesmo indicado, o candidato passava pelo processo completo de seleção, como os outros sem indicação.

No caso de indicações realizadas pela diretoria, tínhamos o cuidado para não cair na armadilha do protecionismo, evitando contratar profissionais fora do perfil.

AS VANTAGENS E DESVANTAGENS DAS FONTES DE RECRUTAMENTO

O anúncio em jornais de grande circulação tem sua vantagem e sua desvantagem.

A vantagem é receber currículos com perfis variados e a desvantagem é receber poucos currículos que atendam ao perfil solicitado. É um investimento de baixo custo para organização.

No caso da divulgação nas universidades, a vantagem era que os currículos recebidos, em sua maioria, estavam dentro do perfil solicitado. A desvantagem era o número reduzido de encaminhamentos. Normalmente, precisamos de muito mais currículos e nem sempre conseguíamos fechar as vagas com os anúncios divulgados em universidades. Custo zero para o RH que trabalha com o orçamento apertado.

Outra dificuldade relativa à divulgação em universidades era conseguir contato, em tempo hábil, com os responsáveis pela área de emprego e carreira da instituição para realizar a divulgação, o que tornava o processo mais moroso.

Com relação ao site da empresa, muitos candidatos enviavam os seus currículos diretamente para o nosso e-mail conforme orientação. Entretanto, somente 30% desses currículos atendiam ao perfil requisitado, os outros 70% estavam fora do perfil solicitado pela empresa. A principal vantagem do uso do site é a economia de tempo e o custo reduzido, tanto para a empresa quanto para o candidato que não precisa ir direto à empresa levar seu currículo impresso. A empresa já faz o filtro de acordo com as informações relevantes para o processo seletivo.

Desde 2013, quando iniciei na área de recrutamento e seleção como consultora, já em minha empresa atual Instituto de Mobilidade Profissional (IMP), venho usando as redes sociais para buscar talentos. A depender do perfil, se busco um perfil mais gerencial, além das redes sociais, também anuncio em sites especializados que permitem anunciar a vaga de forma gratuita.

A principal vantagem do uso das redes sociais como fonte de recrutamento é a agilidade no processo e a possibilidade de realizar postagens com informações das vagas de forma criativa, e, em contraponto, para termos acesso a uma versão que otimize sua busca, é necessário pagar, e o custo ainda é alto.

Pesquisar perfis nas redes sociais também auxilia o selecionador na obtenção de referências a respeito do candidato, seu comportamento, suas postagens, amizades.

Para preencher vagas mais específicas, o recurso das parcerias com consultorias traz resultados positivos.

Acredito que para cada vaga é necessário estudar a melhor ferramenta para realizar o recrutamento, a fim de otimizar seu processo. Sempre haverá os prós e os contras.

• • •

Case 04

Sobre a Seleção de Pessoal na Empresa

Empresa: Patrus Transportes Urgentes, Belo Horizonte/MG

Relato encaminhado por: Bárbara Costa Jacinto, Coordenadora de Recursos Humanos.

APRESENTAÇÃO

A Patrus Transporte está no mercado há mais de 40 anos e vem se destacando no segmento de transportes rodoviários, fazendo toda a distribuição de cargas fracionadas e armazenagem, atendendo desde a indústria até o comércio varejista.

Atualmente, a Patrus Transportes é referência em seu segmento, com uma área de atuação que abrange toda as regiões Sudeste e Sul, a Bahia, o Ceará e o Sergipe.

Conta com uma grande infraestrutura com mais de sessenta unidades, e possui em torno de 2.500 colaboradores diretos.

A trajetória de sucesso da Patrus Transportes foi consolidada por sua atuação competitiva, criando relações de transparência e respeito.

Temos como missão: "Contribuir para o sucesso dos nossos clientes, criando soluções inovadoras e personalizadas, em transporte e distribuição, gerando valor sustentável a todos."

Nossa visão de futuro: "Ser reconhecida como a melhor empresa de transporte de cargas do Brasil."

Os valores institucionais praticados pela Patrus Transportes são:

- Ter ética.
- Ser simples e honrar compromissos.
- Valorizar relacionamentos e culturas na cadeia logística.
- Valorizar as relações humanas.
- Compromisso com o profissionalismo e a excelência.
- Atenção aos detalhes.
- Ser sustentável.

A SELEÇÃO DE PESSOAL NA PATRUS

O processo de seleção já existe na empresa há algum tempo. Após a participação no curso de atualização Ferramentas para Seleção por Competências, começamos a adotar algumas ferramentas, principalmente a entrevista, que contribuem consideravelmente para uma escolha mais assertiva.

Realizamos nossos processos seletivos através de profissionais internos da área de recursos humanos.

O Recrutamento

Para o recrutamento, usamos o link "trabalhe conosco", disponível em nosso site: http://curriculo.patrus.com.br:8080/novocurriculoweb/conector?ACAO =CURRICULO&STATUS=TELALOGIN&SIS=RS&PERFIL=1&IDI OMA=0&BASE=NOVOCURRICULO. O mesmo é vinculado ao sistema de recursos humanos da empresa.

Além do site, adotamos outras estratégias:

- Recebemos currículos físicos nas portarias de nossas unidades, cuja triagem é realizada pelos profissionais da área de recursos humanos de cada localidade.
- Consultamos o site vagas.com para triagem de currículos.
- Divulgamos vagas no site da Catho.
- Anunciamos nos principais jornais locais.
- Recebemos indicações dos colaboradores.
- Realizamos contatos com outros profissionais de recursos humanos do nosso segmento (transportes).

Uma das mais efetivas fontes de recrutamento, quando surge um grande volume de vagas, é o recebimento de currículo físico nas portarias de nossas unidades. Funcionam também o anúncio em jornais e as indicações de colaboradores.

Para cargos administrativos e gerenciais, utilizamos as demais fontes.

Procuramos utilizar aquelas mais adequadas para cada oportunidade. Avaliamos as opções e optamos pelas que garantam um retorno mais efetivo no recrutamento.

As Ferramentas

Em nossos processos seletivos, utilizamos ferramentas específicas para cada grupo de vagas.

Para cargos operacionais (ajudantes de carga e descarga, conferentes, motoristas), aplicamos o teste palográfico (exceto para ajudantes) e o D2 (exceto para ajudantes).

Para cargos de gestão e administrativos, utilizamos a entrevista com a área de recursos humanos, a entrevista por competências, o inventário Veca ou o inventário P.I. (dependendo do cargo).

Parte 4 • Cases

Mensuração de Resultados

Nosso resultado é medido por um indicador geral do processo de recrutamento. Estamos trabalhando para definir indicadores que permitam medir o nível de satisfação do cliente (o dono da vaga) de forma que tenhamos o retorno sobre os encaminhamentos e a permanência dos novos profissionais na vaga ocupada.

• • •

Case 05
Sobre o Processo de Recrutamento e Seleção

Empresa: **Microcity, Belo Horizonte / MG**

Relato encaminhado por: Polianna Lopes, Diretora Adjunta da Diretoria de Marketing e Pessoas (DMP).

APRESENTAÇÃO

A Microcity atua no setor de tecnologia da informação, especificamente, no segmento de terceirização de serviços de infraestrutura, ou seja, de infraestrutura de TI como serviço ou *outsourcing* de TI, sendo uma das maiores do país. Entrega soluções de hardware, serviços, treinamento, consultoria, recursos humanos e gerência com gestão exclusiva Microcity.

De 2006 a 2014, foi considerada a líder nacional no segmento de *outsourcing* de infraestrutura de Lan & Desktops, segundo a publicação Séries Estudos Outsourcing. Possui uma base própria instalada de mais de 200 mil ativos.

Completou 30 anos de atuação em maio de 2014, com sede própria em Nova Lima/MG (grande BH), tem filiais em São Paulo, Brasília, Rio de Janeiro, Fortaleza, Curitiba e um núcleo operacional em Nova Lima), além de parceiros comerciais em Porto Alegre, Rio de Janeiro, São Paulo (capital e interior), Fortaleza, Teresina e Belo Horizonte.

Parte 4 • Cases

Por meio das estruturas próprias e dos parceiros de serviços, atende empresas de médio e grande porte em todo o país de diversos setores econômicos, tais como os clientes: Firjan, Brinks, Drogarias São Paulo, Porto Seguro Seguros, Unimed BH, Biolab, Seguros Unimed, Merck, Marfrig, Arno, entre outros.

A missão: "Criar soluções inteligentes de negócios em TI que gerem benefícios tangíveis para o cliente, de forma sustentável" inspira e norteia todo o trabalho realizado pelos colaboradores da Microcity, que se sentem responsáveis pelo seu cumprimento e pelo consequente resultado comercial e institucional da empresa.

A identificação dos colaboradores com a missão reflete diretamente a motivação, o desempenho e o orgulho pessoal dos integrantes da empresa. O cumprimento de metas, a fidelização de clientes, a conquista de novos e o faturamento anual satisfatório, por exemplo, são reconhecidos e comemorados como esforço de cada um.

Assim como a missão, a visão da Microcity é amplamente divulgada pela comunicação interna e "cultuada" no dia a dia. Baseada em 3R's, também é facilmente assimilada pelos colaboradores que a percebem como um norte e um objetivo macro da empresa.

- Reconhecida nacionalmente.

- Respeitada nacionalmente.

- Referência nacional.

O posicionamento institucional e comercial alcançado pela Microcity a cada ano valida a sua gestão estratégica, inspira, motiva e tem trazido aos colaboradores cada vez mais orgulho da empresa.

A projeção nacional da Microcity em *market share* atraiu prêmios e fidelização de clientes, permitiu aos colaboradores maior visibilidade das suas contribuições individuais e de equipe para o planejamento estratégico da empresa.

Nos últimos anos, a Microcity mantém-se entre as maiores empresas de *outsourcing* de TI do país, inclusive com posicionamento de destaque entre as multinacionais presentes no setor.

Sobre o Processo de Recrutamento e Seleção

PESSOAS — O DIFERENCIAL COMPETITIVO DA MICROCITY

A gestão de pessoas da Microcity busca a valorização dos seus colaboradores, o incentivo ao desenvolvimento profissional, o reconhecimento dos resultados conquistados e o respeito às diferenças.

A área de recursos humanos da Microcity é denominada como Gestão Estratégica de Pessoas (GEP). Essa área trabalha estrategicamente coligada ao setor de comunicação e marketing, desenvolvendo políticas internas de RH e comunicação.

O trabalho desenvolvido visa a satisfação e o desenvolvimento profissional e pessoal do colaborador, além do fortalecimento da sua identidade com a empresa.

O incentivo à criatividade e o respeito às diferenças são premissas das políticas de RH da empresa. Diversas ações de valorização da pessoa, exaltação do conhecimento e dos talentos internos são desenvolvidas para propiciar um ambiente de trabalho produtivo, saudável e motivador.

A gestão de pessoas da Microcity trabalha no modelo de assessoramento aos líderes (diretores, gerentes e coordenadores) nas principais demandas, envolvendo questões como avaliação, promoção e desenvolvimento.

O Perfil de Competências do Colaborador Microcity

A Microcity reconhece que a sua competência e os resultados são construídos pelos seus colaboradores. Dessa forma, a empresa busca pessoas que tenham em seu DNA características como criatividade, comunicação, dinamismo, relacionamento interpessoal, empreendedorismo e competitividade.

É muito importante também que os membros da equipe compartilhem dos valores da Microcity, expressos em seus princípios e código de ética, como a importância da *ética nos relacionamentos, o respeito às pessoas e suas di-*

Parte 4 • Cases

ferenças, a preocupação em fazer o que é certo e legal, a imparcialidade e *a transparência*, entre outras coisas.

Outra característica importante que a empresa busca em seus colaboradores é a *facilidade de se adaptar à cultura de informalidade e flexibilidade* da Microcity. Além disso, é fundamental que os candidatos mostrem *alto compromisso com resultados*, visto que a Microcity é uma empresa que busca a alta performance de sua equipe.

Por fim, é indispensável que os membros do time Microcity tenham *consciência ambiental/social* e *compartilhem dos valores de crescimento sustentável da empresa, procurando cuidar do planeta e da comunidade*.

No caso do grupo de liderança da empresa, além de todas as características citadas acima, os profissionais também são avaliados quanto às suas competências de *liderança e gestão, como capacidade de delegação, negociação, formação de equipes, senso de justiça, capacidade de trabalhar sob pressão, sensibilidade para gerir pessoas, entre outras*.

O Processo de Recrutamento e Seleção de Pessoas

Na Microcity, o processo de recrutamento e seleção, primeiramente, inicia-se com o recrutamento interno, seguido do recrutamento externo — é priorizado o próprio corpo funcional da empresa. Se não houver internamente candidatos à altura, busca-se no mercado externo.

Recrutamento interno: ocorre dentro da própria empresa, aproveitando candidatos que fazem parte do seu quadro funcional, e tem por objetivo promover ou transferir esses candidatos para atividades mais complexas ou mais motivadoras.

Vantagens

- **Proximidade**: o candidato em potencial já atua na organização.
- **Economia**: custos consideravelmente menores em comparação ao recrutamento externo (viagens, seleções, custos de admissão etc.).

Sobre o Processo de Recrutamento e Seleção

- **Rapidez**: evita as frequentes demoras do recrutamento externo (resposta do anúncio, processo de admissão etc.).

- **Conhecimento**: os candidatos são avaliados conforme seu desempenho, pois já fazem parte da organização.

- **Promoção**: desperta o funcionário para a busca de seu crescimento profissional na formação de carreira, incentivando fidelidade e permanência.

- **Motivação**: propicia aos indivíduos escolhidos desenvolver habilidades com prazer, desembaraço e empenho, que superem os limites da normalidade.

- **Competitividade**: desenvolvida internamente em um espírito saudável para aproveitar as oportunidades de vagas.

Desvantagens

- Insuficiência de recursos humanos internos para cobrir as necessidades de preenchimento de vagas.

- Prazo de liberação dos aprovados antes do período de 30 dias corridos, conforme diretriz interna.

- Urgência na contratação do funcionário com as competências necessárias ao cargo.

Recrutamento Externo: quando não é possível recrutar internamente, a Microcity procura esses recursos no mercado de trabalho, configurando o processo de recrutamento externo.

Vantagens

- **Traz "sangue novo"**: novas experiências e introdução de novas ideias. Oxigenação da equipe.

- **Renova e enriquece os recursos humanos da organização**: admissão de pessoal com qualidade igual ou superior ao já existente, enriquecendo o capital humano da empresa.

Parte 4 • Cases

- **Aproveita os investimentos em treinamento e desenvolvimento de pessoal feitos por outras empresas ou pelos próprios candidatos**: contratação de funcionários já treinados, minimizando custos de treinamento, obtendo retorno de desempenho a curto prazo.

Desvantagens

- **Pode ser mais demorado do que o recrutamento interno**: a demora está associada à escolha da fonte, triagem, possível desligamento do funcionário de outra empresa, nível do cargo.

- **É mais caro e as despesas são imediatas**: tempo, divulgação em mídias, viagens etc.

- **Em princípio, é menos seguro do que o recrutamento interno**: origem e trajetória profissional dos candidatos com dificuldade de comprovação, por isso o contrato probatório, além do comportamental.

- **Quando monopoliza as vagas e as oportunidades**: pode caracterizar postura de deslealdade com os funcionários da própria empresa, reduzindo a fidelidade.

Fontes de Recrutamento Utilizadas pela Microcity

As fontes de recrutamento podem vir de dentro da empresa ou de fora, por exemplo:

- Banco de talentos da empresa.
- Consultorias de recolocação na área de recursos humanos.
- Escolas e universidades; sindicatos e associações de classe.
- Ex-empregados.
- Recomendação ou indicação de empregados.
- Redes sociais profissionais na internet como LinkedIn.
- Site da Microcity.
- Site vagas.com.

Sobre o Processo de Recrutamento e Seleção

- Sites corporativos ou de empregos.

As fontes que utilizamos para recrutamento e que temos obtido mais sucesso são:

- Recomendação ou indicação de empregados (fonte considerada muito forte).
- Site vagas.com.
- Sites corporativos ou de empregos.

Ferramentas Usadas no Processo de Seleção

Tentamos cercar ao máximo o perfil dos nossos candidatos internos e externos, de forma a ter maior assertividade, uma vez que prezamos pela "pessoa certa no lugar certo".

Fazemos uso das seguintes ferramentas:

- **Entrevista estruturada**: por ser padronizada e comum a todos os candidatos, facilita a comparação entre os mesmos.
- **Entrevista não estruturada**: pode ser vantajosa, visto que a falta de uma estrutura permite aproveitar o momento individual dos candidatos.
- **Entrevista Técnica**: realizada pelo gestor a fim de se certificar dos conhecimentos técnicos.

Além da entrevista, lançamos mão de diversas técnicas existentes:

- **Testes escritos livres**: provas de redação e questões de respostas livres.
- **Testes escritos de resposta dirigida**: questões objetivas, impessoalidade.
- **Testes orais/entrevista por competência**: verificar desempenho e desembaraço em assuntos próprios da atividade.
- **Palográfico**: avalia ritmo e qualidade do trabalho, inibição, temperamento e inteligência através de traçados feitos pelo candidato.

Parte 4 • Cases

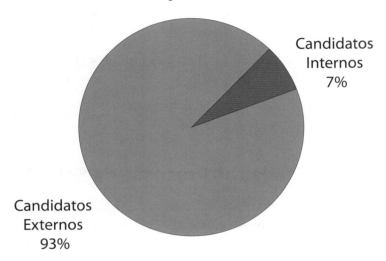

- **Teaco — FF**: avaliação à atenção concentrada da pessoa, o nível de rendimento e a atenção a detalhes.

- **Coaching assessment**: sistema de identificação de perfil profissional/comportamental. O coaching assessment tem como base a avaliação em cluster de combinações de quatro perfis básicos e distintos: executor, comunicador, analista e planejador.

- **HumanGuide**: apreende o perfil motivacional do indivíduo, considerando oito fatores de necessidade (sensibilidade, força, qualidade, exposição, estrutura, imaginação, estabilidade e contatos).

A divulgação das vagas, nas fontes, pode ser aberta (com a nossa identificação), semiaberta (identifica a empresa e preocupa-se em uma pré-triagem dos candidatos) ou fechada (a Microcity não se identifica). Deve-se considerar alguns pontos para a avaliação do anúncio: veiculação, apelo e resultados finais. Além disso, sempre procuramos manter as fontes informadas quando fechamos uma vaga para que retirem do círculo de divulgação, evitando, assim, gerar expectativas nos candidatos.

Índice de Aproveitamento

FUCIONÁRIOS DESLIGADOS POR TEMPO DE EMPRESA (%)

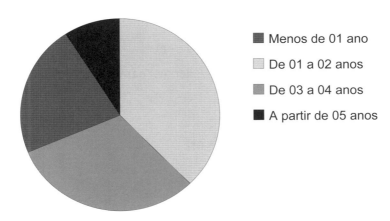

Aproveitamento de pessoal interno

Abaixo, a lista de colaboradores "pratas da casa", que mudaram de função, através do processo seletivo interno:

1. Gerente de RH para Gerente Executiva, para Diretora Adjunta de Marketing e Pessoas.
2. Gerente de Vendas para Diretor Adjunto Comercial e de Parcerias.
3. Coordenador de Faturamento para Gerente de Faturamento.
4. Gerente de Contas para Gerente de Vendas.
5. Gerente de Serviços para Diretor de Operações e Serviços.
6. Gerente Administrativa para Gerente Executiva Administrativa.
7. Gerente de Contas para Gerente de Vendas.
8. Coordenador de Field para Gerente de Serviços Avançados.
9. Coordenador de Service Desk para Gerente de Central de Serviços.
10. Coordenador para Gerente de Suprimentos.

Parte 4 • Cases

11. Coordenadora de Transição para Gerente de Transição.

12. Gerente de Contas para Gerente de Vendas.

13. Gerente de Área para Gerente de Central de Serviços.

14. Coordenadora de Orçamento para Gerente de Orçamento.

15. Coordenador de Auditoria para Gerente Financeiro.

16. Coordenadora de Gestão de Clientes para Gerente de Gestão de Clientes.

• • •

Case 06
Sobre Seleção e Retenção de Talentos na Empresa

Empresa: **Têxtil RenauxView S.A., Brusque/SC**

Relato encaminhado por Vera Petry, Superintendente de Operações.

BREVE DESCRIÇÃO DA EMPRESA

Visão

"Ser líder mundial em **soluções diferenciadas** de **moda** para o mercado têxtil."

Missão

"Oferecer **inovação** ao mercado de **moda**, interagindo com clientes, transformando tendências em **soluções** com agilidade e entregando com precisão."

Valores

- Comprometimento.
- Espírito de equipe.

Parte 4 • Cases

- Foco no cliente.

- Foco no resultado.

- Inovação.

- Proatividade.

- Qualidade.

- Respeito.

Fundada há quase noventa anos, em abril de 1925, por imigrantes alemães, a fabricante de fios e tecidos RenauxView faz parte da história de Brusque. Entre os moradores da cidade, todos têm um parente ou conhecido que trabalha ou trabalhou na empresa, o que é motivo de orgulho. A empresa foi pioneira na produção de tecidos decorativos e, por três décadas, abasteceu o mercado nacional com Gobelins e Madras.

A partir da segunda metade da década de 1960, a empresa passa a produzir apenas tecidos para vestuário. No início dos anos 1970, a RenauxView passa por uma de suas maiores transformações com a chegada de novas e modernas tecnologias. Porém, mesmo com o salto produtivo proporcionado pelas novas tecnologias, a produção mensal daquela época equivale ao que se produz hoje em apenas um dia. Nos anos 1980, quando chegou a ter 1.101 profissionais, foi apontada como a melhor empresa têxtil para se trabalhar em Brusque. Nos anos 1990, a empresa altera sua estratégia, investindo no mercado de fios.

A partir de janeiro de 2006, a empresa passa por uma reestruturação em sua composição acionária e executiva que reposiciona a empresa no mercado: de produtora de fios e tecidos, passa a produzir soluções para os segmentos de moda feminina, infantil e masculina.

Com visão e ação estratégica, a empresa foi posicionada como referência em tecidos de moda.

A SELEÇÃO NA TÊXTIL RENAUXVIEW S/A

No processo de seleção, nossa área investe muito esforço no desenvolvimento, na compreensão e na definição do perfil das vagas e resultados esperados após a contratação.

Uma vez definido o perfil, a regra é valorizar quem está na empresa e fechar as vagas com profissionais que estejam conosco e nos quais a empresa investe e acredita no potencial e no desempenho.

Esgotadas as possibilidades internas, define-se em qual outra fonte serão buscados os candidatos.

A seleção da "pessoa certa para o lugar certo" está inserida como premissa e meta do planejamento estratégico da empresa sob a responsabilidade da área de gestão de talentos.

Nossas Principais Fontes de Recrutamento

A RenauxView mantém na estrutura de recursos humanos, aqui denominada de gestão de talentos, um profissional responsável pelo processo de recrutamento e seleção.

Consultamos todas as fontes disponíveis e usamos diversos recursos para buscar os profissionais que irão compor o nosso quadro de pessoas:

- Consultorias especializadas.
- LinkedIn.
- Facebook.
- Indicações dos profissionais que trabalham na empresa.
- Contato de colaboradores internos.
- Banco de currículos da empresa, com número de registros significativo.

Incentivamos a comunidade interna a trazer currículos e indicações para o nosso banco de currículos.

Das fontes de recrutamento utilizadas, as que trazem melhor resultado são a consulta ao nosso banco interno e as contratações feitas por intermédio das indicações.

As ferramentas mais usuais em nossos processos seletivos são a *entrevista por competências* e, em alguns casos específicos, os inventários disponíveis no mercado.

Todas as ferramentas são utilizadas com muito profissionalismo. Nosso maior cuidado é com a busca de informações fidedignas do profissional quanto ao seu histórico pessoal e profissional. A premissa das premissas é: na dúvida, não contratar.

Resultados dos Processos Seletivos e Estratégias de Retenção de Talentos

A RenauxView, por dois anos consecutivos, foi classificada pelo *Great Place to Work* em parceria com a *Revista Amanhã* como uma das melhores empresas para se Trabalhar em SC.

A empresa tem um plano de endomarketing intenso, um tratado do engajamento, instalações adequadas, benefícios valorizados pelos profissionais, além de oferecer um ambiente de trabalho com um clima de confiança e orgulho de se fazer parte.

Investimos fortemente no desenvolvimento e na capacitação das equipes. As pessoas se sentem respeitadas e valorizadas aqui. É comum ouvirmos isso dos nossos profissionais.

Temos como filosofia de trabalho:

"Potencializar o conhecimento e trabalhar de forma criativa para despertar a alegria e conduzir à realização de resultados alinhados à visão e à missão."

O exemplo maior de nosso sucesso na retenção de talentos está na história do colaborador mais antigo da empresa, o sr. Walter Orthmann, que citamos a seguir.

Sobre Seleção e Retenção de Talentos na Empresa

Histórico do sr. Walter Orthmann

Walter Orthmann — Gerente de Vendas.

Nasceu em 19/04/1922.

Reconhecido pelo instituto RankingBrasil como o profissional brasileiro com o maior tempo de trabalho em uma mesma empresa e tendo entrado, em 2017, para o Guinness Book como colaborador mais antigo na mesma empresa, Seu Walter, como é conhecido, com quase 93 anos de idade, é um exemplo de trabalho e motivação. Trabalhando desde 1938 na RenauxView, Seu Walter comemorou, no último dia 17 de janeiro, 77 anos de empresa. Admitido aos 15 anos como auxiliar de expedição, sua carreira logo se encaminhou para a área comercial. Ainda hoje mantém uma rotina mensal de viagens para vários estados do Nordeste, onde supervisiona vendas, com paradas em São Paulo, onde clientes especiais só aceitam ser atendidos por Seu Walter.

Em janeiro de 2008, ao completar 70 anos de trabalho, Seu Walter teve a sua biografia publicada em livro. Em um país com altas taxas de rotatividade no emprego, o feito do Seu Walter chamou a atenção da mídia nacional. A partir de uma matéria de cerca de três minutos levada ao ar pelo programa Fantástico, no dia 20 de janeiro de 2008, Seu Walter foi entrevistado e teve sua história contada nas principais revistas e jornais do país. Os destaques na mídia nacional se repetiram ao completar 75 anos de trabalho. O hábito de comemorar a cada cinco anos vem desde o seu aniversário de 25 anos de empresa e, em todos os seus discursos, ele repete as linhas finais: "Quem sabe daqui a cinco anos não estejamos aqui mais uma vez celebrando esta data." Desde a primeira celebração, o discurso não falhou, e, se depender da empresa, a próxima comemoração será em três anos. Armando Hess, presidente da RenauxView, reitera: "Seu Walter tem contrato até os 100 anos."

Parte 4 • Cases

Discurso de Walter Orthmann durante a homenagem da Fiesc — Ordem do Mérito Industrial e Sindical (25/05/2013)

"Senhoras e senhores, é com muita honra que recebo esta querida homenagem. Minha caminhada até aqui começou há muito tempo e o caminho foi muito bem trilhado, desde os primeiros dias, pisando de pés descalços a estrada de terra com geada, a caminho da escola.

Por necessidade, comecei minha carreira profissional aos 15 anos. Naquela época, o trabalho de crianças e adolescentes não era considerado um problema, era tido como uma solução para ajudar a renda das famílias.

Para pagar os estudos, meu primeiro emprego foi de meio período, como jardineiro do diretor da escola.

Um ano mais tarde, com o ensino secundário concluído, fui contratado para trabalhar na expedição da empresa que hoje conhecemos como Renaux-View. Dali, passei a estafeta, e depois a auxiliar de escritório. Mais tarde fiquei responsável pela área do faturamento de toda a empresa.

Testemunhei todas as mudanças que agitaram o mundo nas últimas oito décadas. E o que mais me impressiona é a tecnologia. Quando cuidava do faturamento, fazia as contas de cabeça, pois não existiam calculadoras — ainda hoje sou bom de conta! Nosso parque fabril é hoje o mais moderno do Brasil no segmento de moda. A qualidade de nossos produtos facilita em muito o meu trabalho de vendedor.

A propósito, minha carreira na área de vendas começou meio que por acidente. Em meados dos anos 1950, por falta de pessoal, pediram que eu fosse a São Paulo tentar vender nossos tecidos. E não é que eu tinha jeito pra coisa?! Embora a viagem entre Brusque e São Paulo demorasse mais de 20 horas, não demorei mais do que duas para vender a produção de um mês!

Hoje, sou gerente de vendas para o Nordeste, mas ainda mantenho clientes em São Paulo que só querem ser atendidos por mim. Trabalhei com todos os diretores que a RenauxView já teve desde que foi fundada, há 88 anos. Viajo todo mês. Amo o trabalho e adoro o que faço.

Sobre Seleção e Retenção de Talentos na Empresa

O trabalho engrandece, nos dá vida, nos mantém vivos. Quem trabalha não tem tempo para sentir dor, para adoecer, para morrer. O tempo que sobra eu dedico à família e aos amigos.

E é por isto que eu não quero parar de trabalhar: quando se trabalha, não se pensa em doença, e quando se trabalha na melhor empresa de tecidos do Brasil não dá mesmo vontade de parar.

Desejo a todos felicidade na vida e no trabalho. Muito obrigado pela homenagem e muito obrigado pela atenção de todos."

Matéria sobre o sr. Walter.

Glossário

Gestão por competências — conjunto de ferramentas, instrumentos e processos metodológicos voltados para a gestão estratégica de pessoas. O modelo permite a definição e a identificação das competências da empresa e das competências das pessoas.

Seleção — processo que identifica profissionais mais próximos do perfil de competências desejado pela empresa para assumir determinada função.

Competência — qualidade de quem é capaz de apreciar e resolver certo assunto, fazer determinada coisa. Capacidade. Habilidade. Aptidão. Idoneidade. Ter competência para assumir as funções e responsabilidades exigidas no trabalho significa apresentar atitudes, conhecimentos e habilidades compatíveis com o desempenho exigido e capacidade para colocar em prática sua experiência sempre que for necessário.

Habilidade (saber fazer) — capacidade de colocar em prática o que aprendeu: conhecimentos, conceitos, dados, informações.

Atitude (querer fazer) — comportamento pessoal frente às competências que domina (ou não domina). As atitudes podem ser assertivas ou não assertivas. Revelam valores, crenças e premissas.

Conhecimento (saber) — conjunto de experiências pessoais: conhecimento técnico, escolaridade, cursos, especializações etc.

Desdobramento de competências — metodologia que permite identificar as habilidades, os conhecimentos e as atitudes relativas a cada competência

Parte 4 • Cases

profissional. Na nossa metodologia, usamos a metáfora da árvore para representar habilidades (copa), conhecimentos (tronco) e atitudes (raiz).

Mapeamento de competências — metodologia que permite montar um mapa de competências para definir perfis profissionais. Em um segundo momento, é possível identificar níveis de proficiência nos grupos avaliados.

Nível de proficiência — termo utilizado para indicar os comportamentos entregues pelos avaliados e sua posição na curva normal, de acordo com nossa métrica. O nível 1 é o mais distante do esperado e o nível 5 indica a excelência (superou o esperado).

Perfis profissionais — conjunto de indicadores que retratam exigências de determinados cargos ou funções. Incluem as competências referentes ao mesmo. Como o próprio nome indica, os perfis revelam somente um lado da pessoa.

Perfil — conjunto de atributos desejáveis em um profissional no contexto de avaliação de competências.

Perfil da vaga — informações referentes ao cargo ou função disponível: salário, benefícios, local de trabalho, horários, folgas, atribuições, responsabilidades, motivos da abertura da vaga, crenças e valores da empresa ou área.

Profissionalizar — identificar e qualificar pessoas para assumir responsabilidades, funções, atividades e tarefas.

Identificar — determinar a identidade.

Identidade — conjunto de caracteres próprios e exclusivos de uma pessoa.

Jogos de empresa — metodologia inspirada nos jogos comuns e nas simulações. Ao desenhar um jogo de empresa, leva-se em consideração aspectos da organização (processos, comportamentos, competências), lançando um desafio em um destes contextos, deixando para o grupo o papel da tomada de decisão. O que diferencia o jogo de outras técnicas é a possibilidade de reproduzir situações similares ao cotidiano das pessoas, além da pontuação e identificação daqueles com melhores performances.

Glossário

Técnicas vivenciais — qualquer atividade em ambiente simulado em que as pessoas são convidadas a participar de atividades práticas.

Feedback no processo seletivo — retorno de informações a uma pessoa sobre como sua performance foi observada durante o processo, apontando seus pontos fortes e pontos a desenvolver. No momento do feedback, o detentor da vaga ou o selecionador são responsáveis por informar se o candidato foi ou não selecionado para a vaga.

Candidato de processo seletivo — profissional recrutado para participar de um processo em que concorre com outros, tendo em vista a ocupação de uma vaga de trabalho.

Ponderação das competências — quando a seleção é realizada por competências, as mesmas podem apresentar níveis de exigência maiores ou menores. A forma de diferenciar cada competência é conferir pesos a cada uma.

.•.

Bibliografia Sugerida

DAVIS, Keith; NEWSTROM, John W. *Comportamento humano no trabalho: uma abordagem psicológica.* 1. ed. São Paulo: Pioneira, 1998.

BONO, Edward. *Os Seis Chapéus do Pensamento.* 2. ed. São Paulo: Sextante, 2008.

DUTRA, Joel. *Gestão por Competências.* 1. ed. São Paulo: Gente, 2003.

DUTRA, Joel. *Competências: Conceitos e Instrumentos para a Gestão de Pessoas na Empresa Moderna.* 1. ed. São Paulo: Atlas, 2004.

FLETCHER, John. *Como conduzir entrevistas eficazes.* 2. ed. São Paulo: Clio, 1995.

FLEURY, Afonso; FLEURY, Maria Teresa Leme. *Estratégias Empresariais e Formação de Competências.* 1. ed. São Paulo: Atlas, 2004.

GRAMIGNA, Maria Rita. *Jogos de Empresa.* 2. ed. São Paulo: Pearson, 2007.

GRAMIGNA, Maria Rita. *Jogos de Empresa e Técnicas Vivenciais.* 2. ed. São Paulo: Pearson, 2007.

GRAMIGNA, Maria Rita. *Líderes Inovadores. Ferramentas da Criatividade que Fazem a Diferença.* 1. ed. São Paulo: Mbooks, 2004.

GRAMIGNA, Maria Rita. *Modelo de Competências e Gestão dos Talentos.* 2. ed. São Paulo: Pearson, 2007.

LEBOYER, Claude Levy. *Gestión de las competencias.* 1. ed. Barcelona. Espanha: Adiciones Gestión 2000 S/A, 2007.

LIMA, Marcos Antônio Martins. *Educação, Competências e Desempenho*. 1 ed. Fortaleza/CE: Fundação Universidade Estadual do Ceará, 2004.

QUINN, Robert E.; FAERMAN, Sue R.; THOMPSON, Michael P.; MC-GRATH, Michael. *Competências Gerenciais: Princípios e Aplicações*. 1. ed. São Paulo: Campus, 2004.

RABAGLIO, Maria Odette. *Seleção por Competências*. 1. ed. São Paulo: Educator, 2005.

REIS, Valéria. *Entrevista de seleção com foco em competências comportamentais*. 1. ed. São Paulo: Qualitymark, 2003.

THOMPSON, Charles. *Grande Ideia — Como desenvolver e aplicar sua criatividade*. 2. ed. São Paulo: Saraiva, 1983.

• • •

Índice

A

ações educacionais, 2
acompanhamento de resultados, 18, 123
ambiente
 empresarial, 18, 40, 136–138, 140, 142
 competitivo, ix
analogias, 20, 30
atos linguísticos, 17
autoavaliação, 60, 161
autoconceito, 28
autoconfiança, 131, 141
autoridade, 18, 140, 159
avaliação
 de desempenho, 4, 96, 202–203, 203–204
 de potencial, 2, 4, 7, 57, 174, 207, 210

B

banco
 de competências, 4
 de potencial, 2–3
 de talentos, 217, 230

bloqueadores, 25
bloqueios mentais, 25
Brasil, 63, 214, 222, 240

C

capacitação, 2, 79, 202, 205, 209, 210
caso da ponte, 165–166
Cleber Nascimento, 54
clima organizacional, 17, 213
competências MRG, 3
competências universais, 7
comunicação assertiva, 19
conflitos, 5, 20, 52, 59, 110, 130, 138, 213
cotidiano empresarial, 6, 16
credibilidade, 19, 199, 207, 214
crenças, 9, 18, 26, 34, 58, 243–244
criatividade, 20–25, 70, 176, 227–228, 248
cultura
 corporativa, 31
 da qualidade, 31, 74, 130, 138

Gestão por Competências

D

Dave Ulrich, 38
decálogo, 13
demissões, 2, 47
desenvolvimento profissional, 4, 227
desequilíbrio pessoal, 28
diferenciais competitivos, ix
dinâmicas de grupo, 147, 206, 213
diversidade, 36

E

educação formal, 16
Edward de Bono, 103, 104, 113, 168, 170
ego, 28
egocentrismo, 26
emoções básicas, 46, 49
empatia, 15, 92, 112–113, 126, 136, 148, 162
engajamento, 37, 191, 238
entrevista
    coletiva, 6
    individual, 203, 207–208
equilíbrio emocional, 13, 121
era da qualidade, 44
estabilidade emocional, 20, 30
estilo de atuação, 129
Estados Unidos, 1
estratégias criativas, 20, 71
ética, 59, 115, 222, 227
expressão verbal, 15

F

familiares, 16
feedback, 15–16, 19, 32, 67, 95, 121, 129, 149, 168–172
ferramentas da criatividade, 108
fisiologia das emoções, 46
flexibilidade, 114, 129, 139–140, 165, 175, 210, 228

G

Gary Hamel, ix
gestão
    de pessoas, 1, 3, 201, 213, 227
    estratégica, 1, 226, 243
gestor, 5, 8, 55, 100, 111, 152, 187, 231

H

Hanna Wolff, 1

I

identificação
    de potencial, 8
    de sucessores, 2
IGP - Instituto de Gestão de Pessoas, 6
imaginação, 20, 25, 29, 108, 232
indicadores
    de desempenho, 30, 32, 83
    de impacto, 57
inflexibilidade, 17, 26, 35
inovação, 14, 70, 108, 111, 138–140, 176, 203, 210, 235

Índice

inspiração, 24

inteligência, 21, 33, 45, 49, 51, 92, 136, 140, 155, 231

    emocional, 45, 51, 179

    técnica, ix

investidores, 38

inventiva, 25, 30, 71

J

Jack Zenger, 38

jogos empresariais, 213

Jung, 129

juízo de valor, 17–18

julgamento, 18, 52

L

líder coach, 119

líderes, 16, 21, 47, 49, 119, 227

linguagem, 16–19, 64, 117, 174, 205

linguagem de solicitação, 18

M

mapeamento de potencial, 5

Margarita de Sánchez, 25

marketing de relacionamento, 30, 32

Marxwll Maltz, 21

McCauley, 59

medos, 21–22

metáforas, 20, 104

mitos, 21, 72

modelo

    de competências, 3–4

    de gestão, 2, 37, 47, 83

motivação, 19, 44, 111, 139, 198, 226, 239

mudanças

    atitudinais, 44

    de posicionamento, 15

multinacionais, 1, 226

P

parcialismo, 26

pensamento lógico-criativo, 25

perfis institucionais, 3

Peter Drucker, 31

planejamento

    estratégico, 54, 83, 226, 237

    operacional 39

    tático 39

pontos fortes, 18, 64, 96, 126, 189, 245

posições extremas, 25

posto de trabalho, 5, 59

práticas internas, 2

pré-aposentadorias, 2

preconceitos, 26, 186

processo de seleção, 4, 196, 198, 213, 214–215, 215–216, 237

processos

    de avaliação, 2, 96, 154, 157

    metodológicos, 1, 243

procrastinação, 40

produtividade, 3, 12, 63

professores, 16

proficiência, 11, 60, 134, 183, 189, 244

programas institucionais, 2

R

recrutamento
  e seleção, *x*, 202, 213, 217, 225–229
  externo, 199, 228, 229
  interno, 228, 230
recursos humanos, 198, 202, 217, 222–228, 223–229
relacionamento interpessoal, 45, 61, 90, 130, 137, 179
remuneração, 2
resoluções de problemas, 20, 29, 71
resultados organizacionais, 46
retenção de talentos, *xiii*, 49, 235, 238
revolução mental, 25
riscos calculados, 22, 141
roteiros, 6

S

satisfação do cliente, 31, 224
Schein, 31
simulações, 6, 244
sistematização de procedimentos, 25
soluções inovadoras, 20, 176, 222
sonhos, 16, 115–116, 121, 136
staff, 2, 58

T

técnicas motivacionais, 79, 92
tendências
  pessoais, 5, 113, 168
  racionais, 103
tomada de decisão, 55, 126, 127, 129, 165

trabalho
  colaborativo, 48
  em equipe, 58, 94, 105, 110, 130, 180
transparência, 20, 51, 221, 228
treinamentos, 42, 80

V

valor patrimonial, 38
verificação de potencial, 4, 6
visão sistêmica, 36, 54–56, 98, 125, 129, 136

Y

Yoshiro Nakamats, 23